WAC BUNKO

媚《び》中《ちゅう》

その驚愕の「真実」

門田

山上

WAC

はじめに　日本侵略を他人事《ひとごと》と思っていませんか

作家・ジャーナリスト
門田隆将

「ああ、〝時代〟がこの人を野に放ったんだな」

私は、元オーストラリア大使の山上信吾さんと対談しながら、何度、そんなことを考えたかしれない。

いや、もっと正確にいうなら、日本の存続を願う先人たちが「山上信吾という男」の官僚生活を終わらせ、硬直してヒビ割れた「日本」を大変革させるために「遣《つか》わせた」という意味である。

ロシア―ウクライナ戦争、台湾海峡の緊張、トランプ米政権の誕生、ヨーロッパを侵蝕する移民問題、イスラエル―パレスチナ紛争、北朝鮮の核暴走……等々、国際社会を揺るがす事態は、すべてわが日本に「向かって」いる。

そんな危急存亡の淵に立つ日本は、「石破茂」という、仲間を背中から撃ちつづけ、政策も、国家観も、国際常識も、何も磨《みが》いてくることのなかった政治家をわざわざ総理大臣に据《す》えた。

その結果は、想像以上に無惨なものだった。

約束を破って強行した解散・総選挙では、仲間の4分の1を落選させるという大惨敗を喫して少数与党に転落し、それでも総理の座にしがみついた。なにひとつ自民党総裁選で掲げた公約を実現できず、立ち居ふるまいも最低で、心ある国民から一国のリーダーとして厳しい指弾を受けた。

特に対中姿勢は、あり得ないものだった。

日本全土を射程に収める中距離弾道ミサイルの発射拠点を増設し、連日、機関砲搭載の中国船が尖閣周辺に姿を現わし、勝手に日本のEEZ内に大型ブイを設置し、在留邦人を不当拘束するばかりか、とうとう10歳の男子児童を殺害した国……そんな中国と石破首相はどう接したか。

外交デビューとなった2024年10月のラオス・ビエンチャンでのASEAN国際会議

で、中国の李強首相と初会談した石破首相は、台湾問題についてこう語った。

「日本は、日中共同声明で定められた立場を堅持しており、変更する意思は全くない。日中共同声明の原点に立ち戻ることが大切だ」

これを聞いたとき、私はわが耳を疑った。石破首相のこの言葉は、本文でも述べるように「一つの中国」という原則を守り、「日中共同声明の原点」に立ち戻って、「共通の敵に立ち向かう」ことを意味するからだ。現に中国メディアはそう報じている。

これは、「アメリカと戦うことも辞さない」と解釈されても仕方がないことであることがおわかりだろうか。

「この人は、言っていいことと悪いことの区別がまるでわかっていない」――正直、私はぞっとした。

その後、ＡＰＥＣで初めて習近平国家主席と会談した石破氏は、へりくだって両手で握手をし、まるで属国の首相であるかのような態度で、中国との「戦略的互恵関係」の推進を約束した。

その後、２０２４年12月に訪中した岩屋毅《たけし》外相が中国人向けに10年有効の「ビザ新設」を表明し、大非難が巻き起こったことは周知のとおりである。

眼を背《そむ》けたくなるような反日憎悪教育で国民を洗脳し、日本への憎しみを極限まで高めている中国では、中国版SNSで、二言目には「小日本に東風41型核ミサイルをぶち込め」「われわれ現代中国人の使命は、日本人を神のもとに送ることだ」「日本は東風41型核ミサイル7発で地上から消える」……等々の言動が飛び交っている。

「このままでは日本が危ない」

普通の感覚を持つ「媚中ではない人々」には、そのことが今や常識となった。だが、与野党を問わず、「北京詣《もう》で」をつづける政治家たちの頭には、そんな懸念など、毛ほども存在しない。

また、それらを諫《いさ》め、警鐘を鳴らすべき役割の外務省もまた、完全に中国にしてやられ、戦う気概《きがい》さえない。

なぜだ。どうして日本の危機に立ち向かわないのか。

そんな思いが渦巻く日本国民の前に、ひとりの元外交官が現れた。山上信吾・元オーストラリア特命全権大使である。

山上信吾氏は、私のあらゆる疑問に答えてくれた。それは、まさに〝歯に衣着せぬ発言〟の連続だった。

日本の成長を阻害する最悪の集団として、長く霞が関の官僚機構を槍玉に挙げてきた私にとって、目の前で展開される〝山上ワールド〟は息を呑むものだった。そこには、亡国の外務官僚たちの「実名」が次々と飛び出してきた。

「そこまでひどいのですか……」

私は、そんな相槌《あいづち》を何度、打ったかしれない。

覚悟を決めた山上氏の発言を反芻《はんすう》しながら、冒頭に述べたように、時代が、そして日本そのものが、山上氏を〝野に放ってくれた〟ことを感じた。

もし、この本で語られたことが国民に浸透し、政治家やジャーナリズムに影響を与え、ひとつひとつが改善されていくなら、「日本の復活」もあり得るだろう。

それほど重要な事実と示唆がこの本には詰まっている。駐北京の元中国大使があろうことか、中国の法律事務所にスカウトされ、そこで禄《ろく》を食《は》んでいる実態など、あり得ない現実がここには存在する。

これらは、すべて「真実」である。

国家観も歴史観も使命感もなく、ここまで腐敗した霞が関官僚たちを私たち国民は監視し、導いていく責任がある。

そうしなければ、「民族の存続」が不可能なところにまで日本は追い詰められているのである。

山上信吾という元外交官の覚悟の告白を、なんとしても「日本の未来のために」生かしてほしいと、私は心から願う。

令和七年　春

媚中

その驚愕の「真実」

◎目次

誰が中国という〝化け物〟を育てたか
中国の民主化は永遠にありえないのか
2010年、尖閣の衝突事件が日中関係の分水嶺
手玉に取られる自民、公明、そして外務省
反故にすべき中国との〝取り決め〟
国会議員は人材として二線級？
国家観が欠如した戦後エリート
石破はトランプと並んで靖國に行け！
米海兵隊も「靖國」を敬愛している

第3章 中国にひれ伏す日本外務省「驚愕の実態」……131

USスチール問題で後手に回った官僚の無能
USスチール買収も通せない存在感の希薄さ
官僚の大半は「位《くらい》負けする冷血動物」
外務省を解体せよ！
中国大使は「日本総督」

第4章 中国のハンドリングをどこで間違ったか

第6章　日本の「隷属外交」をどう変えていくか

編集協力／竹石健（未来工房）
装幀／須川貴弘（ＷＡＣ装幀室）

・本文中の敬称は基本、略させて頂きました。

第1章

致命傷になる
中国人ビザ大緩和

安倍元総理の遺産をぶち壊す石破、岩屋の蛮行

門田 トランプ政権が誕生して、早速、**石破茂**総理が訪米しました。まずはトランプの言い分に逆らわず、情けないことに完全に〝借りてきた猫〟に徹しました。「次は訪中か？」という声がありますが、そこで「**習近平**国賓来日」への道を敷こうとしているという、ありえないことが起こりそうです（笑）。

山上 怒髪天を衝くとはこのことです。石破政権の対米外交、対米姿勢というのが一貫していない。南米訪問の帰途に一度、会いたいと申し入れた。でも体《てい》よく断られて……。

門田 それで故安倍晋三総理夫人の**昭恵**さんが段取りをしてくれた。

山上 にもかかわらず、「十分な戦略を練ってから会いたい、2月以降だ」と言い始めた。行ったり来たりで、迷走しているんですよ。

門田 会おうとしていたのに「十分な戦略を立てていなかった」って、それ、おかしいでしょ（笑）

山上 もっとおかしいのは、石破さんは習近平とは何度でも会いたいという。それで信頼

関係を築きたいと。しかし、そう言っておきながら、同盟国の**トランプ**大統領と会うときには「十分な戦略が必要だ」なんていう。これ、逆じゃないですか。だから私は、「あ！地金が出てきたな、この総理大臣は、そういう座標軸なんだな」と感じました。はっきり言うと「鳩山バージョン2」ですよ。「東アジア共同体」とか「日米中は二等辺三角形」とか言って、アメリカをうんざりさせた、あの絵柄を私は思い出しました。

門田　完全に「アメリカも中国も」というあの時代に戻りそうですね。鳩山の戦後最悪の日米関係「以上」に悪くなるんじゃないかと予想しています。

政府は24年12月、中国人観光客向けのビザ発給要件の緩和方針を明らかにしました。これも、ありえない。中国との間に懸案事項が山積みになっている中で、とても国益にかなうものではない。

山上　**岩屋毅**外務大臣は、「中国人向けのビザは、経済波及効果が大きい観光の推進に加え、人的交流の促進を通じた相互理解の増進、治安に与える影響などを総合的に勘案して決定した」と言っていますがね。

門田　上海で**小山航平**君という10歳の小学生が中国人に惨殺され、しかも「日本人学校はスパイ養成所だ」などと、とんでもない内容が動画で流布されている。これは満洲事変勃発の「柳条湖事件」と同じ9月18日に起きている。中国が徹底的に教育している「国恥《こくち》日」ですよ。しかし、中国政府は、この事件と歴史との関係に一切、言及していない。

山上　明らかに関係があるはずです。それだけ中国の反日憎悪教育には凄まじいものがあるのに、「相互理解の増進」（岩屋外相）なんて本気で信じているんですかね。

門田　中国ではなぜサッカーの国際試合で日本の国歌だけが、ブーイングでかき消されるのか。中国の反日憎悪教育は凄まじい。この教育を放置したままで、中国を擁護するような答弁をする。石破と岩屋の頭の中身を疑います。

山上　岩屋大臣は「ウクライナやガザの戦争に比べれば中国の治安状況はまだましだ」と言いたいようだが、噴飯ものの答弁ですね。末代まで残るくらい恥ずかしい。だって、ウクライナやガザで、日本人は殺されていない。でも現実に、中国では日本人が殺されているんです！

門田　しかも60歳代の日本人女性がスパイ容疑で不当拘束までされているんですよ。２０１５年に中国当局が拘束した際、彼女の日本国内での行動についてスパイ罪を適用していた。沖縄県・尖閣諸島を巡る見解を東京都内で中国側から聞いて日本政府側に提供したことで、上海出張時に拘束された。「国家機密の情報は含まれない」と判断されたにも関わらず、懲役６年の実刑判決で服役することになった。

山上　個人の人権より、国家の安全を重視するのが習近平指導部ですからね。中国の国家安全法で、メディアで確認されているだけで日本人17人がスパイ容疑で拘束されています。数年にわたって非人道的な取り調べが行われ、抑留される例が続発しています。

あり得ない、独断でビザ発給緩和を進める姿勢

門田　しかも今回のビザ発給条件緩和問題では、石破首相―岩屋外相コンビの独断だということが問題です。党の外交部会にもかけず、議論もまったくないまま進められてしまった。国民の負託を受けた自民党議員たちも寝耳に水でした。こういう重大事項を勝手に進めていくなんて、第２次石破政権が選挙後発足した翌日に石破首相が「いままでできなかったことをこの政治状況を利用してやります」と語りましたが、それをそのままやっているわけです。つまり、左翼政策を自分の思いどおりに、やっていくということですよ。

そして、石破の外交デビューになった、ラオス・ビエンチャンでのアセアン国際会議で中国の**李強首相**と会談しました。そこで「日中共同声明の原点に立ち戻って」なんて発言

して中国側を喜ばせている。でも「立ち戻る」というのは、要するに「共通の敵に立ち向かう」ということ、つまりアメリカと戦うということになりかねないのですよ。

山上 中国側にとっては、「一つの中国」という原則を守りますよということですからね。

門田 「それに反対する勢力と戦うと石破が語った」と、中国側は報道しています。それで昨年（2024年）11月に習近平にへりくだって両手で握手をし、12月に岩屋が訪中していろんなことを決めてきました。そして今年1月、自公の両幹事長が訪中して、「早期の石破訪中」を実現するという。唖然とするほど媚中外交が続いているわけです。

その中でこのビザ緩和が決められた。まだ正式にスタートしているわけではないが、約束はしてきた。それについては、**青山繁晴**さんのYouTubeによれば、外務官僚から電話があって、「そんなの、大したことじゃない」って言われたそうです。これは驚きです。

山上 え？　このビザ緩和が大したことじゃない？　その外務官僚、何を言っているのか。

門田 「これは一部の富裕層の人に関わることであって、そんな大きな問題ではありません」という説明をしたそうです。

山上 その程度の認識しかない。問題の本質がわかっていないですね。

門田 青山さんもそれで怒髪天を衝いている。これがどんな大きな問題なのか、外務官僚は何もわかってないんじゃないかと。

山上　当然でしょう。

門田　外務省は石破、岩屋の方針に誰も逆らえない。誰もスタンドプレーをストップできない。将来の日本にとって、このビザ緩和がどんな意味をもたらすか。富裕層の問題だというけれど、彼らが大挙して押しかけたら、日本の病院はどうなるか。日本の高度な医療を受けるために、富裕層が繰り返しやってきます。この日本の高額医療を税金で支えているのは日本の現役世代です。富裕な中国人を少子化で苦しむ日本の現役世代が支えるなんて実におかしな構図です。それを外務官僚は自分のこととして考えてないわけですよ。

山上　誰が考えたって、それは絶対に容認できませんよね。

外務省は「中国外交部〝霞が関出張所〟」

門田　私は「そこまで言って委員会」で、外務省擁護の**宮家邦彦**さんとたまに論争しますが、私は外務省を「中国外交部の〝霞が関出張所〟」と呼んでいるのです。それを宮家さんは気に入らないでしょうね。

山上　それくらい、中国に完全にしてやられているのは間違いない、外務官僚だった私が言うのですから……。

門田　その根源は、私が新潮社に入社して、まだ若手記者だったころにありました。1986年当時の**柳谷謙介**外務次官が**鄧小平**のことを「雲の上の人」とオフレコ発言をして大問題になりました。発端は京都の「光華寮問題」でした。中国と台湾双方が、京都の中国人留学生の寮「光華寮」の所有権の正当性をめぐって争った事件です。

もともとは台湾政府の所有でしたが、台湾政府は居住者が秩序を乱していると明け渡しを要求し、訴訟に発展した。最初は京都地裁が「日中国交樹立で台湾は当事者能力を失った」という理由で台湾側が敗訴。その後、大阪高裁が台湾側の所有権を認めたので、今度は中国側が反発しました。

そして、改めて京都地裁は「日本は台湾とは断交したものの，同政府は依然一部地域を実効支配している」として、台湾の財産である光華寮が国家承認の変更で、ただちに中国に移るものではないとの見方を示したんです。そのとき、自分で記事を書いていたから思い出したのですが、新聞記者がオフレコの背景説明（バックグラウンド・ブリーフィング）で、柳谷謙介外務次官が、「鄧小平さんが天の上の人になりすぎて、もう情報が届かなくなった」と語りました。これが「雲の上の人」発言。このオフレコ発言をわざわざ記者が中国に伝えたんです。つまり「ご注進ジャーナリズム」ですね。

この問題以前にも、中国へのご注進ジャーナリズムは〝確立〟していたのですが、これを相手国に教えるなんてあり得ないですよ。「いまは鄧小平さんのところまで情報が上がらなくなっているんですよ、困った問題です」と、記者たちに、それをやさしく教えてあげたのに、柳谷次官は裏切られたわけです。

山上　柳谷次官は結局、次官の後に大使ポストを務めることなく退官しましたね。

門田　外務大臣は**倉成正**でした。総理は**中曽根康弘**。ここから「中国に逆らったら、自分たちの出世はない」ということが、オーソライズされてしまったんですよね。

山上　私、入省2年目のときでした。1985年のことですよね。私は、その柳谷次官と次官車に乗り合わせたことがあるのです。1年生のときに。羽田空港に戻ってくる外務省幹部に書類を届ける用事なのに車がない。仕方なく、次官車の助手席に乗れと言われて身を縮めながら。大人《たいじん》でしたね。外務次官とは、これだけ堂々としているのかと。

柳谷次官はもともと、長崎の出島の中国語通訳の子孫だって言われているんです。いまで言う帰化人でしょうね。私の何代も前のオーストラリア大使もされて、そのあと次官をつとめられた大先輩ですが、ほんわかと温かい、偉ぶったところがない方でした。

門田　だから「何年かに一人」の大物次官と呼び声が高かった。だけど結局、駐米大使にならずに引退してしまった。法務検察のトップは法務事務次官ではなくて検事総長、外務省の場合は事務次官ではなくて駐米大使が一番、格が上。柳谷氏は大物次官にもかかわらず、それになれなかった。

山上　思い返してみると、あのころから中国に対する遠慮、言いたいことが言えないという空気が、省内に蔓延していきました。私は「この役所を中から変えたい」と思って入省したのですが、志半ばで退官せざるを得なかった。変えられた面と、どうしても変わらないというか、組織に長年染みついた宿痾《しゅくあ》という悪弊を、最後はやっぱりまざまざと見せつけられる結果になりました。

門田　本来だったら、山上さんは、いまごろ駐英大使なのに……。

山上　でも私、世の中に対しては、辞めてからのほうが、より意義ある貢献ができているんじゃないかと、最近、思っているんです。

門田　絶対にそうです。駐英大使になれば日本に対する貢献は少なくないですが、言論の場で発言することの意義は、それとは比較にならないくらい大きい。だから外務省の人たちは、山上さんに対する嫉妬があると思うんですよ。
山上さんは退官してから、言論界を舞台に大活躍している。応援する空気もあれば反発もあるはず。両極に分かれるでしょう。

山上　典型的な外務省的反応だと感じるのは、文句の声が間接的にしか聞こえてこないことです。例えば「ある元駐米大使が山上は書き過ぎだと言った」とか、「私に非難された次官の一人がカンカンに怒っている」とか。でも誰一人として、直接文句は言ってこない。

門田　いかにも慇懃無礼《いんぎんぶれい》な外務官僚らしいところですね（笑）。

山上　あんな奴に言っても無駄だと思っているのかもしれませんが（笑）、メッセンジャーとして「山上さん、気をつけたほうがいいですよ」と伝えてくる者もいない。腹に一物ある輩は、「あの人、評判、悪いですよ」と〝裏で刺す〟。典型的な外務官僚のやり方です。

マスコミに出てくる大使未経験者の妄言

山上　問題だなと思うのは、世の中で外務省出身の外交評論家と称する人間の大半は、大使経験がないんですよ。門田さんが言及した宮家邦彦、**田中均**《ひとし》、ＴＢＳの「サンデーモーニング」に出演している**藪中三十二**《やぶなかみとじ》がそうです。まったく別系統だけど、あのラスプーチン、**佐藤優**もそう。

門田　佐藤優氏はノンキャリのやり手ですね。

山上　みんな、外交を極めた専門家と遇されているのですが、一度たりとも、大使をやっていない。これは例えば警察組織などではありえない。現場の県警本部長を経験していない幹部が治安を語れるはずがないんです。ここに現在の外務省の「内向き志向」が強く現れている。唯一、評論家の中で大使経験があるのは**馬渕睦夫**さんぐらいじゃないですか？　彼はキューバ大使、ウクライナ大使を歴任しています。

門田　**岡崎久彦**さんとかね。

山上　岡崎さんはタイもサウジアラビアの大使もやりました。あの年代は岡崎久彦、**村田良平**、先ほどの柳谷さんという、大正、昭和一桁世代の外交官は気迫、覇気が横溢していました。その胆力と比べると、特に団塊の世代からですか、田中均、藪中、**藤崎一郎**、**宮本雄二**なんて、ガラッと小粒になりました。彼ら団塊の世代は、私のちょうど15期ぐらい上なんです。このあたりから大使経験がない人間が次官になる時代になってしまった。それ以前の**野上義二**とか**竹内行夫**ぐらいまでは、大使経験者が次官になっていました。その後の**谷内**《やち》**正太郎**、藪中三十二、**佐々江賢一郎**と続くラインは、大使ポストを経験せずに次官になれるようになってしまいました。

門田　それはなぜですかね。何か理由があって外部に出さなかったんですか？

山上　組織として外に出さないというよりも、本人が出たがらない、政治家が側に置いときたがる面があります。

門田　使いやすいということですか？

山上　自分の言うことを聞く「愛《う》い奴」ということですかね。それで次官に据える。局長から外務審議官、次官と、麻雀でいう一気通貫のような形で。その間、一度も外国に出さない人事が定着してきました。

門田　山上さんが「骨のある外交官」として紹介している元駐ロシア大使・**丹波實**さんの、北米局安保課長時の「日本人でございます」という答弁は迫力がありましたよね。「いくら国会の先生といえどもいまの質問は許せません……」みたいな、すごい迫力でした。

山上　そうそう。「ソ連妨害課長か」とまで言われる存在。「先生といえども許せません」と反論したとか。たかが課長ですよ。丹波さんは、北方四島の領土問題の存在さえ認めようとしなかったソ連政府に粘り強く働きかけ、93年のエリツィン大統領訪日に際して、**細川**

護熙《もりひろ》首相と「東京宣言」合意に導いた立役者ですよね。四島の名前を明記し、日ソ間に領土問題が存在することを認めさせた画期的な宣言でしたね。

門田　でもその後、北方領土問題は二島先行返還などもテーブルに載ったけれど、残念ながらいまに至るまで、返還は実現していない。それはさておき、国会で外務官僚が政治家に苦言を呈する(笑)。そういう気骨のある人もいたのですね。

山上　私は丹波さんのようになりたいと思って、役人になったんです。役人というのは頭を下げなくていいだろうと思ったし、天下国家のために自分が思ったことを発言し、行動できるだろうとやってきたんですけれど、40年経って、大きな間違いを犯していたなと、よくわかりましたけどね(笑)。

門田　やっぱり外務官僚はおかしい。例えばマスコミとの懇談会などがあります。新潮社や文藝春秋社などとは、やはり親しくなっておきたいから、外務省と懇談会が開かれることがあります。するとメインの席に、官房長など、外務省側の人間が座るんですよ。でも官庁側の接待の場合は、こちら側を主賓席に座らせるのが常識です。しかし、外務省の場合はギリギリでやってきた官房長クラスが、「あ! 官房長、こちらへ」と言われて、当然のように主賓席に座る。常識がないこと、はなはだしい(笑)。

山上　腑に落ちますね。私も辞めてから、「やっぱりこいつら、外部の人を怒らせるだろうな」と思いましたよ。例えばメールのやり取りでも、レスポンスが異常に遅い。やっぱり出版社の人とかジャーナリズムの人、あるいは放送界の人と比べると、もう圧倒的に遅いです。「触らぬ神に祟りなし」と、たぶん私が嫌われていることもあるでしょうが（笑）。在留邦人から見れば、海外の大使館の人間には、そのあたりの気配りが足りない。だから相手を怒らせてしまう。

門田　「自分たちが偉い」なんて、いまの時代でも思っているのが始末が悪い。

山上　そうとばかりは思えないのですが、周囲から見ると、そういう印象を与えるような振る舞いや言動をしてしまう。

「安倍晋三との違い」演出に躍起な石破政権

山上　ただ、外務省も捨てたもんじゃないなと思う点が一つだけあります。もう引退して何年にもなる80代、90代の何人か、私にメールを送ってきたり、あるいは人づてにメッセージを託して「よくぞ書いた」「きみが言っていることはもう１２０％正しい」という声も来るのです。若手の中には、「とにかく山上大使が出るものは全部見ています」と言ってくれる人間が何人もいる。そういう意味で、言うべきことを言えば、聞いてくれている連中はまだいるし、少数派ですが、同じように考えている人間はいる。そういう声をどうやって引き上げるか、門田さんがおっしゃったように、政治にかかっているんですよ。

門田 先ほどの宮家さんは、「政治に問題がある」という立場です。外務官僚たちは中国に対して怒っているし、毅然と対峙しようとしているのに、政治がそれを邪魔していると主張する。でも私は、そもそもそういう発想がダメなんだと思う。「官僚が政治家を動かさなくてどうするんだ、あんたら、専門家だろう!」と忠告しているんですがね。

山上 バックグラウンドとして言うと、彼は中近東局の参事官で退官し、局長や大使もやっていない。それで評論家になった人。決して外務省批判はしない。「政治のせいだ」と決めてかかっているんですね。

門田 だから外務省が内閣参与として押し込んだ。外務省の悪いことは言わないですよね。

山上 でも、それでは評論家としては説得力がないですよね。

門田 ないです、ないです。でも、番組でカットされるのは私のほう(笑)。「話、長すぎ」みたいなことでね。

山上　でも、一部でも問題の本質がわかっている人間がいることが救いです。チャイナスクールは、国民の税金で中国に留学させてもらっているのみならず、アメリカかイギリスで中国研究をもさせてもらえる。そういう意味で日本の外務省の研修制度というのは、諸外国に比べても充実しているんですよ。だから勉強する気になれば、中国語の文献も英語の文献も読み込むことができるので、今の中国の問題なんて、ちょっと勉強すればすぐわかるはずです。現地の中国人と付き合えば、中国人の癖というか、習い性もわかりますよね。
　私は中国専門家ではありませんが、いわば準チャイナスクール（外務省中国研修）の立場。中国課で首席事務官をやって、香港の総領事館に勤務して、それからインテリジェンスとか、政策企画分野で中国と向き合ってきたので、わかってないことはないと思う。ただ、それが多数意見として、政策を決めるほどにはなってない。

門田　う～ん。なかなかねぇ。

山上　つまるところ、組織文化としては、やはり目の前の相手と、なんとかしてまとめたい。もうこの「まとめる力学」というのがすごく強いのが外務省です。反対に「決別する力学」というのはまず働かない。
　外務省において一番強いベクトルは、目の前の相手、それが中国であろうが、北朝鮮であろうがロシアであろうが。敵対する国との間でも、なんとかその妥協点を見出すこと。アメリカやイギリス、オーストラリアなどの友好国であればなおのことです。

門田　それが「外交だ」という、とんでもない思い込みですね。

山上　この系譜は連綿と続いていて、田中均的な外交観、**平松賢司**（元インド大使）的な外交観、藪中三十二的な外交観。これが外務省には根強くはびこっています。そんな一連の流れを見ると、石破って確信犯だと思うんです。

門田　ウンウン、要するに、安倍さんと違うことをやろうと。ゆめゆめ、安倍の敷いたレールを走るまいという姿勢が垣間見えますね。

山上　これは報道でも出ていますが、外務省の人間が官邸でブリーフするときに、「安倍政権ではこうしました」と言うと、いきなり石破さんは不機嫌になるそうです。その寓話に象徴されるように、違うことをしようとしたときに、いちばんアピールできると考えているのは、中国との関係改善だと思うのです。

門田　うーん、そうか。

山上　明らかに、それをやることによって、「安倍晋三との違いを出していこう」という感じが、プンプンしているんですよね。もっと際どい話をすればね。よほどの馬鹿じゃなければ、石破政権の閣僚は「この政権は短命だ」とわかっていると思うんですけど。

門田　長期で続くとは絶対思っていませんね。ちょっと政治のことがわかっていれば。

山上　だとすると、「いや、短期で終わるんだったら、その間に違いを出しておこう」と思う。「中国との間に実績作りしておこう」と。そうすれば、その後、美味しい生活が待っているじゃないかと。

門田　日中関係改善に貢献した「井戸を掘った人」になって、いろいろ美味しい思いができますからね。その話は後で詳しくお聞きしますが、それではもう、中国にきちんとものを言えるまともな外交官が出世することはない。そしてそもそも政治家のほうが歪んでいるから、そんな政治家に引っ張り上げられる外務官僚ばかりだと、外務省復活の兆しは見えません。

山上　一番深刻だと思うのは、ある程度予想されたことですが、石破が中国にこれだけ迎合的でしっぽを振ること。確かに安倍政権も、習近平を国賓として呼ぼうとしたことがあります。中国とガチンコを期待されていた安倍晋三であっても、なんとか中国との関係をよしなにやりたいという希望は捨てていなかった。それで主席秘書官だった**今井尚哉**氏は、**程永華**《ていえいか》駐日大使と定期的に食事をしていた。つまり外務省と別ルート。すると程永華は、なにかあれば今井に直訴するわけです。例えば「あのアジア局長、中国の批判ばっかりして使えないんです」ということだって言い得る関係を作っちゃったんです。

門田 それは代々続いていますね。中国は常にそのやり方です。それで横から、「あいつはダメです、あいつを外して」。それを露骨にやってきたから、正論を言う人間は省内でダブー視されるようになるわけです。まあ、今井さん自身が中国と特別な関係にあるし。

山上 程永華自体は創価大学留学の第1期生ですから。

門田 だから昔から親しい。公明党、今井尚哉、程永華は、がっちり固まっていますから。

山上 だから「この人はもういけませんね、この人の言うことはちょっとおかしいですね」ってもう囁《つぶや》かれたら終わりなんですよ。

媚中派「二階俊博」の大罪

門田 **二階俊博**元幹事長にも、安倍さんは忖度していましたね。

山上 それはあったでしょう。二階俊博を幹事長にして抱きこんで泳がせておくというのが安倍晋三の政権運営の一つの柱です。だから自民党の資金を使いたい放題と評されていましたね、二階親子は。

門田　それが、7年8カ月という史上最長政権の秘密。本来は敵である非主流派の人物を幹事長に取り込んで、政権のド真ん中に据えてしまうわけですから、ほぼ全部が主流になってしまう。そのうえに〝人たらし〟の安倍さんですから、保守層は絶対に裏切りません。

山上　いわゆる岩盤支持層を取り込んで、盤石な体制を築いていましたからね。

門田　それが安倍さんのすごいところではあるのですが、例えば今井尚哉氏のように、安倍さんが一度信頼した人は、ずっと政権に居続ける。第1次安倍政権が終わった後も、今井氏は安倍さんに忠誠を誓って、第2次政権後もずーっと行動をともにする。安倍さんは部下に全幅の信頼を置きますよね。

山上　皮肉なのは、安倍政権を支えた秘書官連中は、まったく保守じゃない人がほとんどでしたけどね。

門田　経済産業省官僚の内閣でしたからね。

山上　今井尚哉は叔父である経団連の**今井敬**新日鉄名誉会長と組んで、鉄鋼技術の中国移転を促進した側にいたわけです。それから**長谷川榮一**総理補佐官。ご存じでしょうけれど、彼は朝日新聞の販売店の息子で、朝日新聞を読んで育ったと評されてきた。それから**北村**

滋。彼だって真の保守だとは見られていません。安倍さんが靖國参拝に行こうとしたときに、体を張って止めに来たとされているのが今井と北村です。彼らの理屈は、「安倍政権を短命で終わらせないために阻止した」ということでしたが、保守の岩盤層から見れば、「たかが秘書官が出過ぎた真似をするな」ということになるでしょう。

もう一つの例を挙げると、経産省からきた**柳瀬唯夫**ですよ。私は大学の同級生なのですが、この前、オーストラリアの前首相、**スコット・モリソン**が来たときに、夕食会に彼を呼んだのですが、**高市早苗**氏が総裁選で負けた日だったんです。

門田　おお。

山上　それで柳瀬は、英語でとうとうと「なぜ高市が負けたか」の説明を始めた。「高市が総理になると靖國に行く。すると日中関係、日韓関係が大変なことになる。だから自民党の多くの議員が高市支持に回らず、石破に投票した」と説明したわけです。これね、まったく中国の手の平で踊っている姿そのもの、中国が喜ぶ論理です。「靖國に行くっていう政治家は総理総裁になれないんだ」と。だから私はその場で「こんなこと言っているからおまえはダメなんだ」と、怒鳴りつけざるを得ませんでした。

門田　トップが毅然としているからといって、部下まできちんとしているわけではありませんからね。

山上　一皮めくればなんのことはない。むしろ自民党の宏池会に親和性が高い連中が安倍さんの周りを固めていたんですよ。

門田　むしろ、そういう官僚と違う人、要するにまともな保守・現実派の官僚を探すほうが難しいんじゃないですか。官僚も政治家も、中国が怖くて、高市さんの靖國参拝を応援できないんです。国家観も歴史観もない、単なる秀才クンたちですからね。

それが、１８９票が石破に投じられた理由です。「高市だけはダメだ」という中国の意向にひれ伏すわけです。だから親中派の公明党の害悪が大きいですよ。しかし、そんなことでは高市総理が誕生する芽がないということになってしまいますね。

何とＴＢＳが「悠仁親王廃嫡論」

山上　ただ、どうですか。結局、政治の振り子って揺れるじゃないですか。「もう石破はダメだ、中国にしっぽを振りっぱなしだから」ということになれば、今度は逆に振れて、「高市さんのような人を持ってきて、毅然と対峙してもらおう」という風が吹くことはないでしょうか。

門田　普通なら、そうなりますよね。振り子の原理から言っても、そうなるはずなのですが、たかだかその高市の3分の1しか総裁選で得票できなかった**林芳正**に、「次は彼でいいんじゃやない？」といった声まで出てきている。それもまた媚中の動きです（笑）。媚中の極めつけに日本のトップをまかせて、それでどうなるのか？　それで選挙に勝てると思っているのか？　林芳正というなら、自民党が下野して、終焉を迎えるほうがいい。そう、この前も現職閣僚に言ったのですが。

山上　その現職閣僚も林芳正論ですか？

門田　林芳正論ではないけど、石破と行動をともにしている人物。その知り合いが今度の参議院選挙に出馬するそうなので、「当選させたいのなら高市政権をつくることだぞ」と私が進言した。閣内で反乱を起こして、石破政権を潰せと（笑）。

山上　もう戦《いくさ》は始まっているんですね（笑）。

門田　余談になるけど、彼が「選択的夫婦別姓についてどう思う？」と私に聞くから、「ダメに決まっているでしょ」と縷々《るる》と説明したの。左翼は〝血脈〟より〝イデオロギー〟を重視するという「基本」を伝えたんです。というより、左翼にとっては、血脈は、はっきりいって邪魔。彼ら政治的同志、すなわちイデオロギーを重視する連中には、〝家族的結合〟は障壁でしかない。

ロシア革命のときに赤ちゃんや子どもを親から引き離して、共同体で育てようとしたのですが、それが失敗して、スターリンがのちにこれを止めさせたほどです。しかし、未だに左翼はそれに固執している。「選択的」とはいえ、親子別姓は戸籍破壊です。家族を中心にした「戸籍」を個人による「個籍」にどうしても変えていきたいのです。

しかし、日本の最小単位である家族を破壊すると、社会は荒廃していくばかりです。天皇継承問題も同様で、そういえば、先日ＴＢＳの「サンデーモーニング」で、元外務次官の藪中三十二が「日本国内でも世論調査では80％、あるいは90％が女性天皇を認めていいんじゃないかという意見。私もそう思う」と驚くべき論を展開しました。つまり「皇室典範を改正し**愛子天皇**を実現せよ」ということで、男系男子の継承に異を唱えるＴＢＳが、ついに事実上の〝**悠仁**《ひさひと》**親王**廃嫡論〟を言い始めた。恐ろしいことです。

山上　選択的夫婦別姓の問題がよくわかっていないって、国会議員なのに、そのレベルなんですかね。「選択的だからいいんじゃないか」とか「そういうふうにしたいっていう人がいるんだから」とか、深く考えないまま、理屈が通ってしまう。

門田　まず〝選択的〟にしておいて、やがて〝戸籍を破壊していく〟というのが明らかじゃないですか。一度改正してしまったら、元には戻せないんです。

急ぎたい「中国に対抗できる」盤石な保守政権を

山上　そうすると盤石な保守・現実派政権ができない限りは政治主導で、毅然と中国に対抗するとか、それ、無理じゃないですか。

門田　高市さん以外でそういうことが期待できる人って、誰か思い浮かびますか？

山上　う～ん、どうでしょうねえ。いないと断言していいくらい。

門田　ただ、高市政権なら対中外交もきちんとやってくれるとしても、盤石な体制でなければ無理でしょうね。史上初の国政選6連勝を果たした安倍さんの7年8カ月があって、「自由で開かれたインド太平洋戦略」という名の中国包囲網戦略を「国際戦略」にするぐらいの時代があった。そういう盤石な政権だから堂々と対中外交を展開できたのですが、高市政権ができたとして、果たして、どうなりますか。

山上　やはり、外交のラインをしっかりした人で固めないといけませんね。総理だけではなく、最終的には「私が責任取るから、のびのびとやってちょうだい」と高市さんが言うことも大事。そして、実践するためのラインです。外務大臣、防衛大臣、官邸をとりまとめている官房長官、それからNSCの国家安全保障担当補佐官、外務次官などのラインが足並みを揃えないと中国に対抗できません。中国はとにかくクサビを打ち込むのがうまいですから、「Aさんはこう言っているけれど、Bさんは中国に理解がありますよね」などと、AとBの間にクサビを打ち込んで引き離そうとするのが中国の常套手段。それをさせないような布陣にしないといけない。

そういう意味では、トランプ政権を見習うべきだと思います。トランプはまさにそれをやっている。国務長官に**マルコ・ルビオ**を持ってきたかと思えば、**マイク・ウォルツ**下院議員などの対中強硬派を政権の重職に据えている。だから中国は相当焦っていて、日本を抱きこみにかかっている。秋波を送って、「こっちおいで、こっちおいで」とやっているのです。

門田　そういう意味では、トランプ政権は本気になって中国と対峙していきますね。

山上　ただ肝心の日本がいま、フラフラ漂流しているから、中国としてはますます「日本与《くみ》しやすし」と抱きこみにかかってくることでしょうね。

第2章

日本はいかに中国の術中に嵌《は》まったか

外務省に創価学会員が多い理由

門田　ところで、そもそも外務省にはコネがないと採用されないという〝伝説〟がありますよね。だから「外務省いのち」になりやすい、と。山上さんは、どういうご家庭出身なんですか？

山上　私の場合は、外務省とは縁もゆかりもない。両親はごく普通の教師です。親族には一人として外務省関係者はいませんでした。だから親が本当に外務省に入れるのか心配していました。親父は旧帝国陸軍の広島幼年学校、陸軍士官学校出身で、その家系は日露戦争以来陸軍系の軍人が多いんです。親父の幼年学校・陸士の同期生に通産省の大幹部だった人がいたので、「うちの息子が外交官になりたいって言ってるんだけど」と相談したんですよ。そしたら、その人がひとこと「やめとけ」って（笑）。「通産省のほうがいいぞ」と。「でも、どうしても外交をやりたいんだったら、あそこは中の刺し合いが激しいから、気をつけろよ」とアドバイスをもらいました。本当にその通りになりましたね。

門田　抜群に能力のある人は、それに関係なく入れちゃうけれど、省内では、今度の新人はどの閨閥《けいばつ》かとか、どんな出自なのかと、コソコソ話しているということをよく聞きますが……。

山上　二世、三世だけでなく、誰と誰が義理の兄弟とかね、そういう話はしょっちゅうあるんですよ。それから、意外と多いなと思ったのはメディア関係者の子弟ですね。特に朝日新聞。

門田　そういう意味ではやっぱり一種の思想傾向もありますよね。

山上　朝日・岩波文化に染まったセンターレフトの思想傾向の人が多いのは確かでしょうね。それから新興宗教の人も多い。創価学会が多いというのは有名な話。カミングアウトしている人だけ見ても、キャリアでも同期に一人はいます。ノンキャリアのチャイナスクールやロシアンスクールになるともっと大勢です。

門田　大鳳会《おおとりかい》ですね。

山上　私はいろんなところで講演するたびによく言われるのは、「あんたみたいな人が外務省にいたとは信じられない」と。「よくやってられましたね」という意味ですね。そこで私は「もっと私みたいな人間を増やしてください」と答えることにしています。外交は国の行方を左右する部署なので、いろいろな団体が人物を送り込もうとしている。「保守系の人が、〝外務省なんて行ってもしょうがないよ〟とあきらめたら、外務省は左翼や反日勢力の牙城になっちゃいますよ」と。

門田　外務省はとても影響力がある省庁ですからね。

山上　新しい血をどんどん入れて、大量に輸血するのが大事だと思っています。

門田　あの大鳳会のことを一般商業メディアで最初に書いたのは、不肖、私でございましてね（笑）。

山上　ああ、そうだったんですね。

門田　新聞広告の右トップのタイトルになり、ついに外務省内の大鳳会が表に出た、と話題になりました。そのころ日本の新聞はまだ部数が多く、「外務省、大鳳会、創価学会」という並びが、かなりの反響を呼びましたよ。ちなみに私、創価学会から「第六天魔」と呼ばれていいます。悪魔の中でも最悪な存在らしいです（笑）。

山上　恐ろしいほど邪悪ということですね（笑）。

門田　そのころは、創価学会が戦略的に、現地採用で在外公館に送り込む例が多かったんです。これが危ない。さすがに正式な外交官は難しいですが、在外公館のコネ入社的な人物が大勢いる。山上大使の豪州大使館にもかなりいたと思いますよ。隠れているけれど。

山上　大きな町には大抵SGI（創価学会インターナショナル）の組織がありますね。ロンドン、パリ、ニューヨークはもちろん、香港やジュネーブにも。彼らはお互いに助け合っているから、団結力が強い。

門田　**池田大作**元会長の長男・**池田博正**という人が、ずっとSGIの会長で、自分で指示を出して在外公館に送り込む。山上大使の隣りにいた秘書の方もそうだったかも（笑）。

山上　道理で背中に刺し傷が絶えないわけです（笑）。実は、私の場合、ジュネーブ時代の直属の上司がそうでした。自分の価値判断基準にこだわって、明らかに大使の言うことを聞かないんです。

門田　創価学会から指令が来るわけだから、そっちを優先しますね。

山上　ただ、昔はそういう人間には、主流の仕事はさせなかった。例えば日米安保関係とか条約関係などは。ただ自公連立政権発足以来、そのケジメというか、歯止めが効かなくなって、中枢のポストにもそういう人間が就くようになりました。フランス大使、スペイン大使、オーストラリア大使、国連大使でも、そう目されていた人はいます。自公連立政権というのは、外務省の中身も変えていきました。

門田　だって政権与党ですからね、やっぱり。

山上　反戦・平和・護憲。これはやっぱり、対中姿勢でも親中になりますね。それが日本の外交政策に大きな影響を与える。典型的なのは「集団的自衛権行使」の議論のとき。中国への慮《おもんぱか》りがあるので、いろいろ政策面に影響を与えたのは間違いない。

門田　防衛省のある市ヶ谷は防衛機密上からも最重要な地域ですが、土地利用規制法に基づく「特別注視区域」指定が阻止されて、外国企業の土地取得も事前届出制から外れました。有名無実にさせたのは公明党・創価学会です。私は中国の意を受けてのことと思っています。

同じ時期に、中国による新疆ウイグル自治区での「ウイグル人弾圧」に〝ジェノサイド非難決議〟がありました。国会で可決寸前、これも最終日に公明党が引っくり返してしまった。やり方が露骨ですね。

中国の公明党・創価学会への工作はこうして始まった

門田　でもさすがの山上さんも、どういうふうにして、その創価学会が中国の手に落ちたかということはご存知ないでしょうね。実は、中国は早くから公明党・創価学会に目をつけていたのです。中国が日本にどんな工作を仕掛けてきたかを、私は『日中友好侵略史』（産経新聞出版）に詳しく書きましたが、思想・信条の自由や言論の自由が保証された日本では、「国会質問」という形で、野党に大きな〝権限〟が与えられています。

山上　なるほど、国会質問で時の最高権力者を追及することができますね。

門田　例えば「日中国交正常化」という大テーマについても、誰に遠慮することもなく、テレビ中継のもと、堂々と国民の前で主張が展開できる。日本生まれで日本を知り尽くす**廖《りょう》承《しょう》志《し》**ら、対日工作の〝日本組〟がこれを利用しないはずはありません。

工作の手始めになったのは「LT貿易」です。Lとは廖承志、Tは**高碕《たかさき》達之助**のこと。実は自民党の**松村謙三**が同僚議員である高碕達之助を**周恩来**に推薦し、これがきっかけで1962年から始まりました。両国の間で正式な国交はないものの「貿易をおこなう」ためめの覚書が交わされ、日中国交正常化で日中貿易協定が成立するまで10年にわたって続くのですが、東京のその高碕邸に中国の関係者がよく訪ねてきたそうです。廖承志のもとで対日工作の〝四天王〟の一人と呼ばれた**孫《そん》平《へい》化《か》**もそうです。

当時、高碕邸は、新宿区信濃町にありました。いうまでもなく、創価学会の本部や池田大作邸が建つ、創価学会の本拠地ですね。そして高碕は孫平化に、「あんたはLT貿易を担当して日本に精通しているので、創価学会の池田大作会長に会うべきだ。彼は歳は若いが、**毛沢東**全集を通読している」とすすめた。これが中国と創価学会との密接な友好関係を築き上げるきっかけです。

山上 孫平化は対日工作の重要な分野を担っていたそうですが、その情報は、ただちに廖承志に報告されたというわけですね。

門田 そうです。中国と創価学会をつなぐことになるのは、1961年に「日中文化交流協会」が派遣した作家代表団で訪中した**有吉佐和子**です。訪中団のなかでも最年少の三十歳ながら、すでに日本を代表する女流作家になっていた有吉は訪中団の紅一点。周恩来と廖承志の彼女への関心は高かったようです。

山上 でも彼女はクリスチャンですよね。本来、共産主義と宗教は相容れない。マルクスの言葉を借りれば、共産主義にとって、宗教とは「民衆のアヘン」のはずですが。

門田 その通りなのですが、「親中派」として動いてくれる作家を必死で探していた中国は、気鋭の女流作家として、めきめき頭角を現わしていた彼女に注目していた。

「今後、有吉の日本社会への影響力は大きくなっていく」と、日本を知り尽くす廖承志には、そのことがわかっていた。有吉は訪中して中国との初会談の席で、早くも中国人たちの心を捉え、それ以降、中国側にとって〝有吉人気〟は凄まじいものになるのです。

山上　なるほど、よくわかります。

門田　このとき、通訳をつとめた**周斌**《しゅうひん》という人物がいます。中国にとって通訳は、その国に対する重要な工作員の役目を負うのですが、もちろん周斌もその一人。有吉より４歳年下の26歳だった周斌は、このときの接触がきっかけで有吉に弟のように可愛がってもらうようになり、生涯にわたって有吉とつき合った。第三者がいない場面では、有吉のことを周斌は「姉さん」と呼び、有吉が亡くなる前にも東京・銀座で食事を共にしている。

有吉は初訪中の際、レセプションに色鮮やかな着物で出席し、〝灰色の世界〟の中国で参加者の目を釘付けにしたそうですよ。そして彼女は微笑みながら、こうスピーチした。

「自分は欠点が多く、病気持ちですが、落ちこぼれに甘んじているわけではなく、改善しよう、治療しようと常に努力し、何度かヨーロッパやアメリカに行き、医者を訪ね、薬を求めた。しかし結果はがっかりすることばかりで、ますます悪くなった。そこで私は決心を固め、中国を訪問できるようにしてもらった。自分の目で病気を治せる名医や良薬を試そうと。すると、日本や欧米の高価な薬は私に合わず、病気を治すことができなかったのに、中国庶民が飲む薬が私にぴったりでよく効き、病気を治してくれた。これが一生涯忘れることのない、中国に対する私の第一印象です」

山上　有吉さんの中国への心酔ぶりが目に見えるようですね。

門田　そして周恩来や毛沢東とも会談し、周恩来の心も捉えました。中国共産党の幹部たちにも、若い有吉の姿がどれほど眩しく見えたか、想像に難くないですね。そのとき、周恩来は「日本の作家たちの影響力で、日本の政権を中国に呼び込みたい」という意図をにじませていたようです。

山上　いつの時代も、作家には左翼思想が多い。映画、演劇、文学、ジャーナリズムは、左翼系の牙城ともいえる分野ですしね。

門田　それだけに周恩来や廖承志は彼らの中にできるだけ多くの〝親中人士〟をつくりたかったわけです。有吉への熱心な中国側のアプローチは、功を奏しました。その後、有吉は二度も訪中し、1965年には、半年にわたって中国各地に滞在するという経験も積んでいます。周恩来―廖承志ラインは、有吉佐和子を〝獲得する〟という大プロジェクトに成功したのです。

〝有吉佐和子獲得〟で中国は何を狙ったのか？

山上　有吉を通じて、周恩来と廖承志は何を狙ったのですか。

門田　その一つが、創価学会と公明党への働きかけです。有吉は公明党の支持母体である創価学会が発行する出版物への寄稿や対談などによく登場していました。これが創価学会の池田大作会長に対しても大きな影響力を発揮する。そこまで廖承志は読んでいた。創価学会研究も進んでいて、63年には『創価学会』という幹部向けの小冊子もつくられていたほどです。

そして１９６６年、有吉佐和子と池田大作創価学会会長との会談が実現するのですが、そこで注目すべき発言が有吉から飛び出します。

「これまで3回、中国に行き、毛沢東主席と周恩来総理にも会ってきました。共産主義の中国は、何となく〝こわい〟感じがしていましたが、とんでもない思い違いでした。みなさん陽気で、明るくて、建設の息吹《いぶき》にあふれ、自信を持っています。未来への展望があります。〝将来、この国は必ず発展するだろう〟と、指導者たちの姿を見て、感じました」

山上　1972年の日中国交正常化の前ですよね。

門田　そうです。早くから創価学会取り込みの準備を進めていたということですね。そして有吉が「周恩来からの伝言を預かってきた」と告げるのです。「将来、池田会長に、ぜひ中国においでいただきたい。ご招待申し上げます、と伝えてください、とのことでした」。

山上　それは、実に重大なメッセージですね。

門田　池田大作は、有吉に託されたメッセージを受け取って、回想録に「私は、いよいよ本格的に日中友好に動き始める時が来たことを直感した」と記しています。

周恩来と池田大作との会見が実現したのは、ずっとのちの74年の年末。「約束通り、本当に決断された。実行してくれました」と、周恩来は満面の笑顔で喜んでいます。

山上　とすると、有吉さんの伝言から8年後ですね。

門田　先にも述べたように周恩来のメッセージを伝える前年に、有吉は半年にわたって中国に滞在しています。〝丸抱え〟で、北京を中心に各地に滞在させ、彼女にもろもろの工作をしていたことを想像すると、その〝工作の効果〟がいまも生きていることがわかります。

山上　なるほど、絶大な影響を与えた工作だったというわけですね。

門田　この池田・有吉会談の2年4カ月後の1968年9月、池田大作は両国の日大講堂で創価学会学生部総会を開き、いまも語り継がれる「日中国交正常化提言」を行ないました。「日中国交の正常化については、1952年に台湾政府との間に日華条約が結ばれていて、日本政府は、すでに〝講和問題は解決されている〟という立場をとっている。だが、これは大陸中国の7億1000万民衆を、まるで存在しないかのごとく無視した観念論に過ぎない」。そして「国交の正常化とは相互の国民同士が互いに理解しあい、交流しあって相互の利益を増進し、ひいては世界平和の推進に貢献することができて、それで初めて意味を持つものである」と、中国共産党が泣いて喜ぶことを宣言しています。

つまり日中国交の対象の実体は、中国の民衆にあり、それを無視して〝大義名分〟にこだわり、いかに筋を通そうとしても、それはナンセンスであるというのですね。

山上　当時は、周恩来ら中国共産党は、日中の戦争関係は、まだ終わっていないと思っていたでしょうからね。

門田　そうです。だからこのままの状態では、いくら日本が終結したといっても、円満な国交関係が実現するわけがない。なんとしてでも、日本政府は北京政府と話し合うべきだという考え方ですね。つまり、一貫して対米追従主義を続ける自民党政府を批判し、独立国として日本は独自の信念を持ち、自主的な外交政策を進めていくべきだ、と。まして過去二千年の中国との深い関係に思えば、現在の国際社会における日本の位置を自覚し、更に未来の世界平和の理想を考えるならば、「いつまでも、このままであってはならない」ということです。しかし、時の総理は、台湾派の佐藤栄作。なかなか思い通りにはいきませんでした。

このカリスマ指導者の提言は、すぐに聖教新聞に掲載され、のちの公明党・創価学会の路線を決定づけました。この池田提言から3年後、初めて訪中した**竹入義勝**公明党委員長は周恩来首相と会談を行い、「日中国交回復五原則」(主権と領土保全の相互尊重、相互不可侵、相互内政不干渉、平等互恵、平和共存)を託され、これを持ち帰っています。中国はその後、池田に120以上の名誉教授や称号などを贈りつづけ、今も創価学会・公明党を「思うままに動かすことに成功している」のです。

山上　なるほど、巧妙な仕掛けだ！　そういえば、2010年に駐日中国大使となった**程永華**は、池田大作が身元引受人となって創価大学が受け入れた海外留学生第一号ですね。

門田　創価学会は中国の青年を受け入れ、〝身内〟として育てていきます。池田大作にとって、程永華などは最高の自慢の弟子ですよ。もちろん、公明党は、これを嚆矢《こうし》に国交正常化に大きな役割を果たします。現在、公明党が「中国の代弁者」であるのは、はるか19

６０年代から始まった中国共産党の「対日工作」によるものなのです。

山上　周恩来と廖承志の「創価学会工作」は見事に成果を挙げたということですね。長期的視点を失わない中国らしい展開です。

対日工作の〝極秘ブレーン〟を担った元華族

門田　日中国交回復には、**西園寺公一**《きんかず》という、元華族も大きな役割を果たしていますよ。中国は創価学会と並行して、１９５９年、北京の西園寺公一邸を舞台に対日工作を始めています。彼は当時52歳、祖父は**西園寺公望**《きんもち》、父は**西園寺八郎**という公爵家の長男です。

山上　なぜ日本でも有数の名門の元華族が、北京に住んでいるのですか？

門田　西園寺公一は、学習院初等科、東京高等師範附属中で学び、英国のオックスフォード大学に留学したのですが、そこでマルクス主義に出会って人生を一変させました。イギリスから帰国後、外務省の試験を受けるが不合格となり、結局、嘱託となって外務省に勤務することになる。配属されたのは外務省条約局第三課です。名門の子弟ということもあって人脈を広げ、朝日新聞記者の**尾崎秀実**《ほつみ》とも交流したのです。

山上　尾崎秀実は、赤軍参謀本部第4局（GRU）から派遣されていたソ連のスパイ、**リヒャルト・ゾルゲ**の事件で逮捕された朝日新聞記者ですよね。

門田　公一も取り調べを受け、国防保安法違反容疑で逮捕され、懲役1年6月執行猶予2年の判決を受けて、西園寺公爵家から「廃嫡」となってしまいました。戦争中は特高警察の監視下にあった公一は、終戦後、第一回参議院選挙の全国区から出馬、14位（当選者は50人）で見事当選を果たし、革新系無所属議員として活動します。徹底した平和主義で、国共内戦に勝利した中国共産党が中華人民共和国を樹立したことを何より喜んだのです。

山上　そもそも親中国の下地があったのですね。

門田　中国共産党はそこに目をつけたのでしょうね。中国の「対日工作」を全面的に担当する廖承志が西園寺邸を頻繁に訪ねています。もちろん、話し合っていたのは「日本へのアプローチ」にほかなりません。そもそも、1952年、オーストリアのウィーンで世界85カ国から共産党系の政治家や科学者、法律家、宗教家など2000名近くが集まった「諸国民平和大会」という大イベントに、西園寺は日本から、廖承志は中国から参加していました。この大会で西園寺が、こうスピーチしたのです。

「日本は戦争によって、ここに来ておられるすべての人々に大きな不幸を与えました。（中略）日本人は再び過ちを犯さないようにするだけでなく、東西陣営の平和のかすがいとなって、人類の幸福のためにお役に立ちたい。私たち日本人も皆さんの激励と協力によって、世界平和への役割を成し遂げることができると信じております」

西園寺はこのスピーチの通り、その後多くの中国人と、長くつき合うことになります。そして廖承志の導きで最初の訪中を果たし、その後、中国に貴重な日本の情報を伝えていくことになるのです。

山上　西園寺は、廖承志が対日工作の頭目だと知っていたのですか？

門田　最初は気づいていなかったでしょうね。でも1953年の第3回参院選に落選し、その後、日本というより「世界の活動家」という意識で活躍しているうちにわかってきたのではないでしょうか。57年、ウィーンから北京経由で日本に帰る途中、西園寺は廖承志と北京で再会し「日本の民主組織の代表として北京に滞在し、連絡役をやってくれる人を出して欲しい」という相談を受けています。当時の北京には、日本の大使館もなければ、代表部もない、国交がないのだから当然で、わずかに日本共産党の代表が駐在していただけです。中国は、革新陣営だけでなく、実業界や文化人、知識人などにも人脈の広い人間、つまり「対日工作のブレーンになり得る人物」を探していたのです。

「できたら西園寺さん、あなたが来てくれませんか。誰でもいいわけではないのです」と廖は打ち明けたそうです。政官界に人脈があり、しかも文化人仲間も多い自分が適任であることは西園寺にもわかっていたでしょうが、実際に面と向かって言われれば、戸惑いますよね。妻と二人の子どもを日本に残しているし。

山上 そして結局、その役を引き受けた……。

門田 西園寺は中国共産党が獲得すべき「ターゲット」になっていたわけです。人選してみたが、予想どおり、首を縦に振る人間は一人もいなかったという。でも注目すべきは、西園寺がこの時点で「国交回復のめどがたつまで」と認識している点。中国が日本との国交を回復させることが目的で、そのために自分を欲していることを西園寺は、すでに理解していたことになります。実際に西園寺は、日中国交正常化に大きな役割を果たしていくのですが、これ以後、中国共産党の対日工作の協力者、ブレーンとして活動を始めます。これらは、西園寺自身が回想録に書いています。率直に書いているので、生々しいですよ。

長崎国旗事件の波紋

門田　ともかく中国共産党は日本の上流階級、すなわち支配層へのアプローチに躍起でした。日本の政権政党である自由民主党へのルートを模索していたのです。日本共産党や日本社会党といった左派政党には、それなりの関係を築いていたものの、どうしても政権中枢への影響力が欲しかった。それには「長崎国旗事件」が大きな契機となっています。1958年、長崎市の中心地にあるデパート「浜屋」の4階特設会場で開催されていた日中友好協会長崎支部主催の「中国切手、剪紙、錦織展示会」というイベントで、会場に掲げられていた中華人民共和国の国旗を右翼の青年が引きずり降ろした事件です。青年はその場で逮捕されましたが、事情聴取後に釈放され、長崎地検は軽犯罪法で科料500円の略式命令を長崎地裁に請求して地裁が認可、一件落着したかにみえました。

山上　軽犯罪法違反なのだから、妥当な結論ですね。

門田　しかし事件後、日中友好協会長崎支部が声明で**岸信介**内閣を批判。犯人の背後関係も明確にした上で、刑法第92条（外国国章損壊など）を適用するよう強硬に要求してきたのです。中国政府は対日輸出許可証の発行を中止したり、日本訪問中の中国五鉱集団公司という総合企業グループの代表団を緊急帰国させるなど、事態はエスカレートしていきました。

中国は人治主義の国ですから、司法の独立などまったく理解できません。だから、これは「岸内閣が直接容認し、その保護のもとにつくりだされた事件だ。アメリカと**蔣介石**一味におもねり、中国を侮辱した。岸内閣は責任を負わなければならない」というのが中国側の言い分でした。

山上　そこまで中国側が強硬だった背景には、何があるのですか?

門田　台湾政府が関与しているという確信があったからでしょう。国共内戦は一応の区切りがついていましたが、依然、両者の間には凄まじい怨念が存在している。日本からみれば、「国旗を引きずり降ろした」だけの軽微な犯行で、法律に従えば軽犯罪法違反でしかありません。大袈裟な刑事事件化は、逆に国際社会に日本が中国の圧力に屈したかのような印象を与える恐れがあり、法治国家としてそれ以上の措置は難しかった。

山上　中国側にとっては、事件はかねてからの「課題」を突きつける格好の機会だったのですね。

門田　そうです。ここで中国共産党は、自民党政権に何のルートも持っていないという弱点を露呈したのです。事態をエスカレートさせるだけで、解決のための意思疎通のチャンネルが何ひとつない。そこが問題になったというわけです。

山上　毛沢東、周恩来など中国共産党の首脳部は、国連安保理常任理事国である台湾と自民党との強い絆を断ち切り、自分たちと太いパイプを独自に構築する必要性に迫られたということですね。

門田　だから、対日工作の指揮を執る廖承志が、西園寺公一のもとに足繁く通うことになるのです。二人の間では、日本に対する諜報活動、戦略、要人獲得、親中勢力の拡大……など、あらゆることが話し合われました。

そもそも、周恩来首相の配下として「対日工作」のトップとして絶大なる手腕を振るった廖承志は、日本生まれの日本育ちで、べらんめぇの〝江戸弁〟が特徴です。幼少期は孫文にも可愛がられた逸話もあります。

のちに国交正常化で毛沢東が**田中角栄**と面会した際、傍らにいた廖承志を指して、「彼は日本人ですよ。田中先生、彼を日本に連れ帰ってください」

と語り、角栄が、「廖承志先生は日本でも大変有名です。もし、彼が参議院選挙に立候補されるのでしたら、必ず当選されると思いますよ」と応じたという話は有名です。

11歳のときに中国に帰国した廖承志は、その後成長し、嶺南大学（現在の中山大学）に入学しましたが、孫文の最有力後継者とまで言われる最重要人物になっていた父・**廖仲愷**《りょうちゅうがい》

は一九二五年に暗殺されました。

やがて廖承志は中国共産党に入党。幾度かの投獄や留学など、紆余曲折を経たのち、革命家として周恩来の下、一貫して「対日工作」の責任者として辣腕を振るうのです。

巧妙な自民党取り込み作戦

山上　当時は、**蔣介石**率いる中華民国・台湾は、第二次世界大戦の戦勝国として、国連の常任理事国になっていましたね。

門田　国共内戦で自分たちが勝利し、台湾に追いやったはずなのに、その政権が堂々と世界に君臨する「五大国」の一角を占めるのは許しがたいことだったでしょうね。まあ、「新生中国」は貧困のどん底でしたから、それどころではなかったわけですが……。しかし、そんな中でも対日工作、特に、対自民党工作を展開していったのは、さすがですよね。

そこでターゲットにしたのが自民党の長老である**石橋湛山**《たんざん》と**松村謙三**です。2人とも日本の保守陣営のなかでは〝左〟とみなされる人物であり、「中国と日本の関係を、未来だけでなく過去のことまで腹に収めた人物」と中国側は評価していました。そこでその2人をまず中国に招聘し、中国の実情を見てもらい、さらには中国のために動いてもらおうとしたのです。

山上　いずれも早稲田大学出身の政治家ですね。

門田　石橋は早稲田大学文学部哲学科卒業後、東洋経済新報社に入って社長にまでなった人物。経済評論家でもあって、その後、政界に進出し、わずか3カ月とはいえ、首相も経験しています。松村は政治経済学部を卒業して**犬養毅**や**原敬**らを輩出した、当時の東京五大新聞の一角・報知新聞に入社。地元・富山県に帰って県議会議員を経て昭和3年の第一回普通選挙で衆議院議員となった人です。早稲田人脈に連なる廖が、二人の名前が頭にあったのは当然でしょう。

　そして西園寺は、松村を推薦しています。松村は、終戦直後に**東《ひがし》久《く》邇《に》稔彦《なるひこ》**内閣で厚生大臣としてアジア各地からの軍民の引き揚げを円滑に進めるため陣頭指揮し、衛生問題の発生等に対しても対策の最前線に立った人。また、日本全国に飢餓状態がつづく中、東久邇内閣を引き継いだ**幣原喜重郎**内閣では、最重要の農林大臣を務め、事態に対処しています。

　つまり、松村の私心のない高潔な人柄と手腕は政界でも有名で、参議院議員だった西園寺はそのことを知っていました。真の意味で「新生中国」の手助けをしてもらうなら松村がいい――廖承志の話を聞きながら、西園寺はそう確信したかもしれません。そこで廖は周総理の招待状で松村を中国に呼ぶことを決めたのです。

しかし、周恩来首相に訪中の招請状をわざわざ出させた上で訪中してもらうには、中国側の真心を示して、なんとしても自分たちの〝味方〟になってもらわなければならなかった。そこで中国側は、綿密に工作を開始するのです。

「蘭の花で落とせ」

門田　こうして1959年、76歳の松村謙三が北京空港に降り立つことになります。訪中団には、のちに親中派として自民党内の中心人物となる面々が顔を揃えています。彼らの係累や派閥の後輩たちが現在も中国のために邁進していることを思えば、中国にとってこの松村訪問団がいかに歴史的意義のあったものか想像できます。

訪問団を招くまでに、廖は、松村の趣味が「蘭の花」であることを探りあて、即座に「中国蘭協会」なるものまでつくって、接触を果たしています。松村は蘭を愛でるだけでなく、自ら育ててもいて、地元・富山の自宅には、裏庭にわざわざ蘭の栽培のためのビニールハウスも建てていたほどです。そこで、高潔な政治家として知られる松村を中国シンパにしていくためには、蘭の花が重要だと廖承志は心に刻んだのです。

「中国にどんな珍しい蘭があるか、すぐに調査せよ。特に日本には絶対にない蘭の花だ。その花を中国で見ることができることを中国招聘の材料にせよ」

珍しい蘭の花を探せという廖の指令が飛び、それが、松村訪中実現への中心的な課題になったのです。松村を中国ファンにする決定打である〝蘭作戦〟も実施され、俄かに蘭の担当になったのは**朱徳**《しゅとく》。いうまでもなく人民解放軍の「建軍の父」で、建国後は「元帥」。のちに全国人民代表大会常務委員会委員長も務めた中国の最重要人物の一人です。

朱徳は蘭に造詣が深く、自宅でも蘭を栽培するほどの愛蘭家でした。廖承志の報告を受けた周恩来が、松村接待の指令を出し、身近にいた朱徳に白羽の矢が立ったのです。

ちなみに松村のもう一つの趣味は碁ですが、中国には名だたる碁打ちが数多く存在し、周恩来は廖承志と相談し、碁打ちの中では〝最も地位の高い〟**陳毅**《ちんき》副首相を選びました。陳毅は外交も担当しているので申し分がありません。この第一回松村訪中団のメンバーは、その後、日中国交正常化への推進勢力となる。正常化以後に始まった「日中友好」時代の中核を成したのも彼らとその後を継いだ人々だったというわけです。

「LT貿易」の始まり

門田　周恩来は、松村らの中国滞在1カ月半のうちに4度の会談を行っていますが、長崎国旗事件で日中関係が大打撃を受けたと考えている周恩来は、翌年の日米安保条約改定に向かう岸信介政権に対して、厳しい見解を示しました。歓待の一方で、自分たちはきちんと主張する、したたかな中国側のやり方は、現在に至るまで変わりません。でも松村は日本の政治家として周恩来に言うべきことは伝えています。

山上　日本の法律の基準からすれば、長崎国旗事件の処理はどこにも瑕疵《かし》はありません。

門田　しかし、「法治」など思いもよらぬ「人治主義」の中国からすれば、それは「岸首相の指示であることは疑いない」のです。松村はそのことを踏まえて、自身が総裁選で敗れた岸信介を庇っています。私が、松村は偉いと思うのは、中国とソ連との同盟条約を例に出して、「中ソ同盟条約にしても、中国は本心から日本と戦うつもりで締結したものではないと思う。日米安保もこれと同じようなものである」と反論している点です。

その後の自民党の後輩政治家たちは、中国の言い分に頭を垂れて「おっしゃる通りです」

と聞くだけ。そんな後輩たちとは、異次元の政治家でしたね。

そして松村は周恩来との会談で、両国間での貿易の重要性を語り合った。松村は同僚議員である高碕達之助を推薦し、これをきっかけに日中間で有名な「LT貿易」が始まりました。これは先ほど述べましたが、中国は友好商社を通じた貿易をやりたがったのですが、松村は「私はそういうのはやらないから」と、高碕達之助を推薦した。それで、廖承志と高碕達之助のLT貿易が始まるのです。1962年に正式な国交はないものの「貿易を行うための覚書」が交わされました。

山上　なるほど、それが日中国交正常化までの10年にわたって続くと。

門田　そうです。こうして松村訪中は、中国に多大な利益をもたらす歴史的意義を持つものとなりました。なにより政権党・自民党の中に橋頭堡をつくることができたことが大きかったですね。しかも、この高碕の家が信濃町の池田大作の数軒隣りだったのも、なにか因縁めいていますね。

山上　えー！　そこからなんですか（笑）。確かに創価学会に関しては、中国側も関係を隠さない。だから2代前の駐日大使・程永華が創価大学の最初の留学生になっただけでなく、中国外交部が創価大学に若手を送り込んで、日本語を勉強させている……。

門田　それだけで、創価学会と中国の緊密さがわかります。

山上　ただ見方を変えれば、そこまでの太いパイプがあるのだったら、なにか問題が起きたときに、公明党、創価学会が、もっと強く中国に申し入れてほしい。例えば日本人の男児が惨殺されるとか、中国人が靖國で乱暴狼藉を働くとか、スパイ容疑という言いがかりをつけて日本人を拘束する。日本人からしたら納得できないことだらけ。こういうことには中国にきちんと物を言うべきです。それが日中関係を正常に保つ方策なのに、でも……。

門田　何もやらないどころか、中国の言いなりですよ。北京の指令通りに動いていますね。

山上　北京に行って握手だけして帰ってくるのか！　と怒りたくなりますね。この前訪中した**斉藤鉄夫**公明党代表もそうでしたよね。満面の笑みでね、握手だけして帰ってくる。

中国に〝言われるがまま〟でいいのか！

門田　媚中派・親中派に典型的なのは、言われるがままになって、自分からは絶対に強くは出られない。なぜかというと、明確な上下関係で支配されているので、中国共産党の居丈高な振る舞いに何も言えない。対等の関係だったら、「それあんた、おかしいだろう」と抗議なり、意見なりするのですが、上下の関係では、まったく期待できない。

山上　それがいまの石破政権にも色濃く出ている。やっぱり石破総理が、最初、習近平と会ったときの、あの両手で縋《すが》りつくような握手もそうだし、岩屋毅外務大臣がこの前、北京に行って、王毅外相と会ったとき、王毅は笑ってないのに、岩屋大臣だけだらしなく笑っている。２人とも自分から位《くらい》負けしている。

門田　笑っている場合じゃない！　日本人の児童が殺されているんですよ。

山上　そうです。殺されているし、60代の日本人女性が不当に拘留されている。尖閣諸島付近では日本のＥＥＺ海域なのに、勝手に設置したブイは撤去しない。明らかにＷＴＯルール違反の水産物禁輸は解除されていない、領海・領空侵犯が繰り返される……それでなぜ岩屋外相は笑っていられるのか。外交に携わっていた人間として、あの神経が理解できないんですよ。また、日本の外務大臣の挙措は第三国も注目しています。

門田　その根本が、政治家もそうだが、外務省もわかっていないと思いますね。何がというと、中国にへりくだったら、どこまでもつけこまれるという現実を知らない。中国人がそういうものであるということを、少なくとも外務省の人間は知っておかないと。反対に、中国人は毅然と対峙したら引いていきます。中国はメンツよりも功利主義の国ですから。

利益第一主義で、「これ、やばいよ」となったら、すぐに引いていくんですよ。しかし、日本の外務省も政治家も、それを知らない。

山上　なるほど、私自身の経験に照らしてもその通りだと思います。

門田　逆に向こう側がつけ上がることばかり外務省がやっている。でも私がそれを言うと、また**宮家邦彦**さんあたりは「そんなことはありません」と怒るわけ。「もういまは、チャイナスクールの連中も、みんな中国と対峙していますよ」と。「いや、学生のときから飲まされ、食わされ、しているじゃないか」って言っても、「いまの官僚は違います」と反論する。

山上　う〜ん、「冗談言うなよ」という感じがしますね。例えば、今の駐中国大使の**金杉憲治**の言動を見ていればとてもそんな言いぐさはできない筈です。

門田　先ほども言ったように、**柳谷謙介**次官のとき、**倉成正**外務大臣がOKして、**中曽根**首相とはかって、「もう柳谷はどいてもらおう」といった形で収拾をはかった。それ以来、外務省には、「中国に逆らったらアウトだ」という空気が出来上がった。中国は必ず日本の上層部に圧力をかけてくるのが常になりましたからね。山上さんのような保守・現実派がトップになると困るから、ちゃんと「こいつをもうここで辞めさせる」という人事が横行するんですよ。

山上　それは中国大使だった**垂秀夫**《たるみ》についても言われていますよね。垂が3年程度で離任させられたのも、ある日本の元総理大臣にご注進が行って、「中国大使があんなズバズバものを言って大丈夫か」ということになり、それで退任の人事が決まったということが外務省関係者の間でささやかれているぐらいです。

門田　山上さんにしても、垂大使にしても、中国にとって煙たい存在は、結局、パージされるじゃないかとなると……。「もう中国にはものを言わないようにしよう」となるのは当然です。

山上　ますます「中国に逆らってはいけない」という風潮が強まるでしょうね。山上はなんで大使ポスト1つだけで外務省を去ったか。同期の先頭を切って辞めたか。あれだけ各所に評判がよかった垂中国大使が、わずか3年で交代させられたか。

門田　「あ！　中国にものを言っちゃいけないんだ」と、あらためて外務官僚にそういう〝教訓〟を残してしまいましたね。

山上　まさしく。そうすると、もう口にね、こうやってチャックして、言うべきことを言わない組織文化がますます強く根づいてしまう。

門田　物言えば唇寒しですね。

「もの言う中国大使」が更迭された事情

門田　垂、山上という2人の外交官には、具体的に「こいつらを更迭しろ」という中国側の要請とか、そういうのがあったのでしょうか。

山上　私はともかく、おそらく垂はあったでしょうね。そこは中国の怖さですね。

門田　その噂のもとになった元総理大臣とは？

山上　**福田康夫**だと外務省ＯＢから聞かされました。

門田　ああ、福田康夫は中国の傀儡ではないかと私は思っています。

山上　外務省はやはり一度、福田に頼んだ負い目がある。外務大臣だった**田中真紀子**を追い落とすために、官房長官の福田を使ったわけです。「ご注進、ご注進」ってやって。それで真紀子の呪縛から解かれた過去があるから、福田には弱いんですよね。

それから福田的なものに尻尾を振る連中。**谷野作太郎**というチャイナスクールの大ドンがいて、これはもう福田と小学校時代の同級生。野球のバッテリーを組んでいたとまで伝えられています。

だから垂が結局潰されたのは、要するにチャイナスクールの大先輩方が、「垂は言い過ぎだ、やりすぎだ」と騒いで、ついには福田康夫が呼応して、「あの大使、替えろ」となったと伝えられています。

門田　そうすると、垂さんとか、そういう中国側が警戒する、いや、こいつらの意見が通るとまずいなって思う人はどのくらい残っていますか？

山上　みんな、パージされちゃったから。私が出されて、垂も辞めちゃったでしょ。そうするとどうかな？　さっきの宮家邦彦が言ったことに一面の理があるとしたら、若い課長クラスのチャイナスクールの人の中には、物おじせずに中国の問題を指摘できるような人間が出てきています。中国課長のあと、いまの北米第一課長をやっている**太田学**とか、国際法課長から中国第一課長になったのかな、**大平真嗣**《まさつぐ》なんて、優秀で胆力もあるいいのがいるんですよ。私の15期ぐらい下で。いずれも一年生の時に私の下で仕事をしてくれました。だから希望は持てないことはないですが、ただ、いかんせん、まだ若い。彼らを守って、育ててやらなきゃいけないですよね、局長にして中国大使にしてやるというふうに。そういうバックアップ体制が、いま、ないんじゃないかな。

それで、垂のあとに中国大使として送り込んだ金杉憲治は、中国のド素人です。中国語もできない。アジア局長をやっていたというだけで、もともとオーストラリア研修です。彼は前任者の垂よりも2期上なんですが、普通、役所の人事では年次が逆転するってありえないんです。垂の後任に2期上の金杉を持っていった。だからもう深圳事件のときも、蘇州事件のときも何も機能しないわけ。「日本人をターゲットにした犯罪だと思わない」とか発言したでしょ。深圳のときも「忸怩《じくじ》たる思いがします」と語るだけ。「バカか！」と怒鳴りつけたくなる。日本人の児童が殺されたのに「忸怩たる……」はないだろう。忸怩というのは自分の行動や行為を深く恥じるという意味でしょ。「言語道断だ」と怒るべきなのです。

政治家・福田康夫の底の浅さ

門田　この話になると言わなくちゃいけないけれど、私は福田康夫に週刊新潮のデスク時代に呼び出されたことがありましてね。たしか総理も終えたあとですよ、私の記事に福田が文句をつけてきて。谷野が東芝に天下ったことに対する私の記事で、大変、世間から非難を受けたというのです。谷野の代わりに、親友の福田が文句をつけてきたわけです。「彼はすでに東芝の取締役で平穏な暮らしをしているのだから、こういう記事は、君、困るよ」と。

私は「福田さん、ちょっと待ってください。私の書いた、どの部分が問題ですか。ひと言、言っておきますけど、谷野さんは東芝に天下るのが当然だと思っているのかもしれませんが、彼の人脈や語学力、さらには、交渉のノウハウなど、すべては国民の税金で賄《まかな》われたものですよ。そのことを忘れていませんか」と反論した。

山上　もうその通りです。

門田　「東芝への天下りを国民の誰が納得しているんですか？　中国の人脈、語学力などを総合的に評価されて天下っているということですが、それ、自分の力と勘違いしているんじゃないですか？」

するど福田康夫がビックリしちゃった。そんなこと、言われたことないから。「こいつ、やばい」みたいに（笑）。

山上　発端は靖國問題ですね。

門田　そうです。福田総理はそもそも、靖國神社には参拝しない方針を表明していました。2007年の自民党総裁選挙への出馬会見などで、首相による靖國神社への参拝については、「相手が嫌がることをあえてする必要はない。お互いが腹を割って話し合えることができる関係をつくらないといけない。そういう関係をつくるために配慮が必要だ」と表明したのです。でも、それは本当に正しかったのか？　私が「中国におもねるのでなく、総理として堂々と靖國問題で対峙すべきだった」と言おうとしたら「君と議論するために呼んだんじゃない！」と取り乱して、まったく冷静さを失ってしまいましたね。

山上　責められたことも、攻められたこともないのでしょうね。

門田　そう。私はもうやっつけてやろうと思って(笑)。「おかしいだろう！」って……。

山上　だから総理を辞めるときの最後の記者会見で、記者に向かって「私はあなたとは違うんです」なんてセリフを吐くんですね。面《つら》の皮の薄さがすけて見えてしまう。でも不思議ですね。だって、父親の赳夫は台湾派だったはず。息子の代になると、これだけ中国に媚を売るようになってしまう。**上川陽子**も外務大臣時代、ほぼ毎日のように福田康夫の指示を仰いでいたというぐらいなので、中国寄りになる。

門田　上川陽子は〝福田派〟。所属が1人しかいない福田派ですからね。

山上　それもあって、この対中外交がここまでいびつなものになっている。アメリカのトランプは本気で中国との対決姿勢を鮮明にしています。ようやく中国の台頭がもたらす挑戦に正面から対峙しようというまともなアメリカの政権が誕生したのに、日本が逆行しちゃっている。日米同盟、そしてそれを最大限に活用して日本の国益実現を図ろうと考えた場合、心配でなりません。

いつまで続く「井戸を掘った人」の神話

山上　しかし、中国におもねる側にいれば、中国からは「井戸を掘った人」とか「浚渫《しゅんせつ》した人」とか崇め奉られる居心地の良さがあるのでしょうかね。福田康夫がそうであるように。

門田　**河野洋平**もね。

山上　要するに日中関係で中国側に有利なように働きかければ、政治生命も安泰だし、引退後も大事にしてもらえる、そういう胡散臭い思惑を感じるんです。だから「中国は脅威ではない。せいぜい『懸念』と呼びましょう」なんて呼びかけるチャイナスクール幹部まで出現する始末です。

門田　本来は国民のための奉仕者である外務省が、国家と国民の不利益になるようなことが発生すれば、それを止めなければいけない。そうしないと将来大変なことになるという場合、それをやるという気概は、ないんですか。

山上　まだ、心ある人間はそういう気概を持っています。そこまで外務省は落ちぶれていないと思うのです。というのは、私がいろいろ本を書いたりするとね、「よくぞ言ってくださいました」とか「頑張ってください」と言ってくれる後輩もいます。でも、それが多数意見にはならない。政策を変えるに至っていないのは、やはり保身が先に立つから。みんな、やっぱり国家よりわが身が可愛いいんですよ。

それは、垂大使の身に起こったことを見ているからでしょう。チャイナスクール出身の大使として、垂ほどズバッとものを言う人間はいなかったと思います。ただその結果、本来であればもっと長く中国大使をやるべきだったのに、3年程度で替えられてしまいました。のみならず外務省退官に追い込まれた。それを後輩連中はみんな見ていますよ。

門田　耳が痛いことこそ、聞くべきなのにね。

山上　「あの立派な垂さんでも、ああいう目に遭ったんだ。いわんや自分たちは……」となるのが役人心理だと思います。だから言いたいことはたくさんあるのですが、みんな、グッとこらえて我慢している。そういう人間が少なからずいるのではないかと思います。

栄は「わしにはまだ早い」と及び腰だったそうですが、木村は着々と布石を打っていった。佐藤栄作による沖縄返還式典の前の週、向島の料亭「稲《いな》がき」で、佐藤派の連中を中心に呼び出して田中派を発足させた。いわゆる〝稲がきの乱〟の呼び掛け人は木村武雄その人です。この時の集団が塊《かたまり》となって、田中政権を誕生させるのです。

しかし、木村の戦略は、国際情勢に翻弄されました。これは、田中派ができる7年も前のことですが、インドネシアは共産党の〝九・三〇クーデター未遂事件〟でスカルノ大統領が失脚し、スハルト将軍が政権を奪取してしまう。中国とインドネシアはこれで国交断絶してしまったのです。しかし木村は、そのまま放置しておいてはいけない、中国とインドネシアを仲直りさせなければならないと、頻繁にインドネシアを訪問。シンガポールの**リー・クアンユー**、タイの**クリアンサック**、フィリピンの**マルコス**など、ASEAN諸国を回ったのです。

山上　つまり独自のルートで中国首脳との関係を構築しようとしていた……。

門田　廖承志と関係が深かった松村謙三さんが亡くなったときには、日本はまだ中国と国交がなく、中国の外交官・**王国権**が周恩来の名代で葬儀に参列することになった。これも木村の画策です。木村は官房長官の**竹下登**に「羽田に迎えに出て**佐藤栄作**総理との会談をセットせよ」と伝えた。竹下は〝わかりました〟といったそうですが、結局、佐藤との会談は実現しなかった。
木村は怒って、日本に帰って真っすぐ官邸に行き、官房長官室でいきなり竹下にテーブルにあった水を「政治がわからん野郎だ！」とぶっかけたそうです。「政治とは、国交があるから遇するんじゃないんだ。国交がなくても遇するのが政治だ。馬鹿野郎！」と、すごい剣幕だったという。竹下は絨毯に手をついて平謝りだったそうです。
山上　さすが〝元帥〟ですね！
門田　〝元帥〟は、佐藤栄作にも日中国交正常化を持ちかけていたらしいのですが、「佐藤はダメだ。笛吹けども太鼓を鳴らせども、あいつは踊らない。やっぱり官僚だ」と見限って、田中派旗揚げに力を注ぐことになります。角栄に「〝日中〟で天下をとれ」とハッパをかけた。角栄が政権を奪取するために日中問題を持って行ったというより、木村にとっては、日中国交正常化のために田中派を動かしたというのが正しいでしょうね。
山上　木村武雄は田中角栄政権を誕生させた立役者であると同時に、日中国交正常化にも大きな役割を果たしたんですね。
門田　ロッキード事件で、「田中角栄が虎の尾を踏んだ」と言われましたよね。木村莞爾さんの解説では、あの「虎の尾」は何かというと、木村武雄が田中角栄を連れてインドネシアなどを歴訪し、要するにもとの「大東亜共栄圏のようなことをやろうとしているのではないか」とアメリカが警戒したことだ、という見方をしていました。あの激動の世界情勢の中で、角栄の動きが、反米の大きな動きにつながりかねかねないという懸念は、たしかにアメリカにあったかもしれません。

山上　でも、アメリカは先に、71年に**ヘンリー・キッシンジャー**大統領特別補佐官が隠密裏に訪中してニクソ大統領の訪中の道筋をつけ、米中国交正常化を果たすわけですよね。

門田　そうですね。先に仕掛けたのはアメリカですからね。いわゆるニクソンショック。これには２つあって、ドルの変動相場制への移行と、この米中の接触。日本はこれに唖然とします。田中訪中はその翌年のことです。

田中角栄スピーチの大失敗

門田　角栄の演説では、「マーファァン（麻烦）問題」がありました。１９７２年に訪中したとき初日の人民大会堂の大晩餐会で、「わが国が中国国民に対して多大なご迷惑をおかけしたことについて、私は改めて深い反省の念を表明するものであります」と演説した。ところがその翌日から、激しいバッシングを受けました。「言葉が軽すぎる」ということなのですね。日本語的には「多大なご迷惑をおかけし」はけっこう踏み込んでいる感じがしますが、それを、当時中国課長だった**橋本恕**《ひろし》と、通訳の**小原育夫**が、「添了很大的麻煩」と、「多大なご迷惑」をそのまま直訳してしまった。

「添了麻煩」とは、ちょっとした失敗をした時に「ごめんなさい」と謝るときに用いる言葉です。例えば、誤って女性のスカートに水をこぼしてしまい、瞬間的に謝罪するような言葉。しかし、「很大的」という「多大な」という意味にあたる言葉もつけている。

それでも、日本が中国人民にかけた損害とは、「ご迷惑」程度のものなのか——その言葉が出た瞬間、会場に「なに？」「あり得ない」という空気が流れたのです。

問題は、これを中国側が攻め込む材料にしたということです。〝添了麻煩〟の瞬間は目をつぶって黙って聞いていた周恩来は、宴会が終了し、田中と握手して別れるときに「田中さん、〝ご迷惑をかけました〟という日本語は軽過ぎます」と語りました。「あれはなんですか、田中先生」と。それ以降、日本は完全に主導権を奪われてしまったのです。

山上　最初から押しまくられてしまったわけですね。でも、「ご迷惑」という言葉自体は日本側で熟慮の上に決めた言葉ですから通訳が意訳するわけにはいかなかったでしょう。問題は中国側が騒いだ時にあたふたとしてしまったことです。

門田　それでＯＤＡ（開発途上国援助）をどんどん拠出するわけですが、それを受注するのは日本企業ですから、中国側は「自分たちが出したお金で、自分たちが潤ったんでしょ」という認識でしかない。だから表面は頭を下げるが、心底から感謝はしていない。日本がこの事業、この橋、この空港、この建物をつくってくれたことは知られていない。それで外務省が中国大使館に抗議したら、北京空港の裏のほうに……。

山上　ちょこっと小さなプレートができて（笑）。

門田　これじゃ誰も見ないだろうというくらい（笑）。しかも政治家へのキックバックが事業費の20％もあったというのは有名な話です。これは10％の場合も。驚くべきは30％だった場合もあった、という話も聞いています。

山上　日中友好の美名のもとに、懐を肥やした人間がたくさんいるとは巷間語られてきた話ではありますが、誠に残念です。

門田　田中の経脈は経世会、そして平成研。大平は宏池会……これらは、中国のお陰で今に至るも、大変な利益を得ている。派閥はこうして維持されてきているわけです。これでは媚中派になるのも無理はない（笑）。

村山、河野談話が中国を強圧的にさせた

山上　日中国交正常化以来、日本は中国に完全に食いこまれています。その象徴が河野談話、村山談話ではないかと思います。1995年8月15日に自社さ連立政権の**村山富市**内閣は、日本の戦争責任を明らかにする談話を閣議決定しました。政治家だけではあれは不可能、外務官僚がいなければ、あれだけの文章は書けない。その河野談話や村山談話の後ろには、内閣外政審議室長だったチャイナスクールの谷野作太郎がいたのは有名な話です。

門田　さきほども福田康夫氏の関係で名前が出ましたね。「わが国は、遠くない過去の一時期、国策を誤り、戦争への道を歩んで国民を存亡の危機に陥れ、植民地支配と侵略によって、多くの国々、とりわけアジア諸国の人々に対して多大の損害と苦痛を与えた」というものです。

山上　実はこの談話がもたらした最大の災禍は、これ以降、歴史問題が俎上に登るたびに、「日本は悪いことをしました。反省しています」と腰を低くしてその場を丸く収め、嵐が

過ぎ去るのを待とうとする姿勢が強くなったことです。確かに政治家だけでなく、外務官僚や外交官も、「もう謝っています」と逃げられるので当面の対応が楽になったけれど、それが思考停止をもたらした。

門田　しかし、中国や韓国がそれで引き下がるはずはなかった。「不十分だから再度謝れ」「謝罪したのだから補償しろ」と、ますます、かさにかかって日本に強圧的になってきました。そこで2015年8月15日の安倍談話、通称「70年談話」が出される。村山談話の負の側面を手当てしようとした。これにも外務省が絡んでいますよね？

山上　「日本は先の大戦への深い悔悟とともに、事変、侵略、戦争を二度と用いず、植民地支配から永遠に決別する」という談話ですね。これは懇談会の座長を務めていた**北岡伸一**の受け止め方ですね。総理に「侵略」を認めさせたいと言っていた学者です。それ以降、得てして外務省では、「日本はアジアの秩序を壊しにかかったんだ」と、まるで当時の中国を代弁し、当時の日本を今の中国と同一視するような形容の仕方が横行しています。その結果、結局は村山談話に回帰してしまうし、「痛烈な反省と心からのお詫び」が〝二度塗り〟されてしまって、かえって強調されてしまったんです。これでは私は、大東亜戦争で散華した英霊に申し訳ないと思う。結局は、70年談話は渡邉恒雄流の読売新聞的考慮が強すぎて産経新聞的な所まで行かなかったということでしょうね。

門田 うまい表現。すぐ聞いてわかりますよね。

山上 朝日じゃなく、読売だったということが改善ではありますが、所詮は限界があるのです。70年談話、安倍談話だってね、「岩盤層」が期待したものとはずいぶん違っていました。

蜜月の時代から経済摩擦の時代に

門田 時間を少し戻しますが、1989年に天安門事件が起こるまでは日中の蜜月時代でした。しかし、天安門事件で国際的に経済制裁を受け、窮地に陥った中国が日本への工作を強化しました。日本は中国の工作に乗って、中国の国際社会への復帰を手助けします。その一環として、1992年には、「天皇訪中」までやりました。

中国は日本のお陰で無事、国際社会に復帰したら、今度は恩を忘れて猛烈な反日教育を展開しました。しかも98年に来日した**江沢民**主席は、「中山服」で宮中晩餐会に臨みました。中山服は、自らの意思を決然と示すときに着るものです。しかも天皇陛下の「歓迎のお言葉」に続いて、猛烈な日本軍国主義批判を行ったのです。

山上　恩を仇で返すとは、このことですよね。

門田　私は『週刊新潮』にその時の記事を書いたのですが、江沢民の非礼ぶりは常軌を逸していました。陛下の真心のこもった歓迎の挨拶のあと、江沢民国家主席はこう言ってのけたのです。

「日本は、痛ましい歴史の教訓を永遠に汲み取らねばならない」

宮中晩餐会でこんな非礼な挨拶が飛び出したことは、かつてありません。食事に招かれた側が、招いたホストに対して、「おまえの親父に俺たちは大変な迷惑をこうむったんだ」と面と向かって言い放ったも同然です。そんなことは首脳会談の場でやればいいわけですからね。

これには、伏線があります。ちょうど日本は自社さ政権が終わって、自民党と自由党の自自連立政権の頃で、日本が歴史問題で「中国側に謝罪する」という空気は薄まっていた時期でした。そのため、相変らず居丈高で、日本には強硬に迫れば、いつも通り譲歩してくる、という中国の〝読み〟が狂った。

実際に、この江沢民訪日の共同文書では〝中国国民に多大な災難と損害を与えた責任を痛感し、これに対し深い反省を表明した〟ことを明記したものの、中国が最後まで求めた〝お詫び〟は明記されることがありませんでした。事務当局の交渉でそのことが明らかになっていますから、江沢民の機嫌はすこぶる悪かったのです。

江沢民が「こんなことなら訪日しないほうがよかった」とまで言ったことがあとで日本側に伝わったほどです。歴史カードを持ち出すことで援助を引き出すという、中国が繰り返してきたやり方が〝拒否された〟ことを知ったわけです。そこで側近中の側近である**曽慶紅**が**野中広務**官房長官と会談し、猛烈にお詫びを要求しましたが、野中も一歩も退かない。「では文書に署名するのはやめにしましょう」となったのです。それで江沢民はまたまた激怒しました。

「国益より任国との関係を重視」でいいのか

山上　当然ですよね。いつまでもお詫びし続けるほうがおかしい。その観点では、苦い思い出があります。江沢民が訪日した直後ぐらいのとき、江沢民が反日歴史教育キャンペーンを張った。ナチスドイツと日本の戦後処理を比較して、ドイツはこれだけ真摯に謝ったのに日本は謝っていない。賠償や補償も十分じゃないというキャンペーン。

当時、私は香港にいました。それがあまりに噴飯物だから、しっかり反論しようということを香港の総領事館にいたときに強硬に本省に進言したんです。要するに「600万人ものユダヤ人を組織的、計画的に殺戮したナチと、南京事件という最前線における戦時の混乱を同一視するなんてとんでもないじゃないか」と。当たり前ですよね。

門田　当たり前です。

山上　多くの教養ある日本人なら当たり前に言うことを、なんと、それを止めてきたのがいる。チャイナスクールかと思ったら、ドイツシューレの森健良。

門田　え〜！

山上　当時、森は一等書記官でベルリンにいたのかな。それで、「そういう言い方はドイツを刺激する」というんです。任国の反応ばかりを慮《おもんぱか》る浅薄の極みです。だから外務省の病理というのは、チャイナスクールに留まらないわけです。どのスクールでも、任国との関係を慮って、待ったを掛ける精神構造の人物がいるんですよ。

門田　すごいね。国益よりも任国との関係？

山上　この話は、きょうが初めて。本邦初公開です（笑）。

門田　すると、山上さんがそういうことを言っているというのは、ドイツにいてもわかるわけですか。

山上　森とは若いころ、条約課で一緒に仕事したので、中国に反論するにあたって、一応、ベルリンの森に連絡を取って、彼の意見を仰いだわけです。そうしたら体を張って止めに来た。こんなことやっていちゃ、チャイナスクールの批判など到底できないなと思いましたよ。

反日憎悪教育をなぜストップできないのか

門田　そのお話、非常に面白いですね。そして、江沢民の反日教育は、さらにひどくなり、もはや、40歳以下の中国人を洗脳し尽くしています。中国人は、日本のことになると、先にも触れたように、すぐに「小日本に東風41型核ミサイルをブチ込め」という話になります。しかし、このことに日本は抗議もしませんからね。

山上　日中関係のネックは、反日憎悪教育ですね。だから、「憎悪教育をやめろ」と要求し続けることが大事。でもちゃんと要求したことはないですね。

門田　歴史問題は、中国にとっては、革命第一世代と、第二世代以降の問題になりますよね。革命第一世代の毛沢東は、１９６０年代に社会党の**佐々木更三**委員長が訪中した際、佐々木が「戦争で大変なご迷惑をおかけし、心よりお詫びします」と言ったら、「いや、あなたたちのおかげで国民党の蔣介石に勝てたんだから、私たちは日本に感謝するだけだ」と毛沢東に言われて、びっくりするわけです。

それが毛沢東たち第一世代の基本的な考えです。しかし、だんだん時が経ち、第二世代、第三世代と移っていくと、これは歴史の必然ですが、レガシーが失われていく。要するに、毛沢東たちは革命を成しとげて、中華人民共和国という強大な国家をつくったというレガシーがあるから、日本なんかを悪者にする必要もなかった。

しかし、天安門事件後の90年代には、革命第一世代はほとんど亡くなっていますから、第二世代以降の指導者たちは、そのレガシーに代わるものを見つけなければならなかった。そこで持ち出されてきたのが「日本」です。80年代は、鄧小平の「軍国主義と一般の日本人は違う」という教えが徹底されていましたが、**胡耀邦**時代に民主化の動きが盛んになり、民主化の希望だった胡耀邦の死をきっかけに天安門事件が勃発すると、一転、民主化運動への厳しい弾圧に入るわけです。指導者たちは、そこで「中国共産党は日本という悪い奴を追い出して今の中華人民共和国を打ち立てた」と、中国共産党の偉大さを誇示するために日本を貶め、憎しみを煽るようになったのです。

山上　それで憎悪をかきたてればかきたてるほど、自分たちへの怒りは薄まりますからね。

門田　そして自分たちの国の力が強くなってきたら、さらに「日本への恨みを忘れるな」と、ますます反日教育に邁進した。子どもたちの授業で、日本の残酷さを際立たせた抗日映画まで見せていますからね。

山上　そういう教育がなくても、もともとルサンチマン（怨恨、復讐）があるわけです。中国人からすれば、弟分だと思った昭和日本に散々やられたというのは我慢できない。絶対に赦さないという意識が骨の髄まで染みわたっているから、簡単にわかり合える関係にはならない。そこで私は、アメリカ人やイギリス人に東アジアの関係をわからせるために、よく映画『ゴッドファーザー』の比喩を使います。中国というのは長兄の粗暴なソニー。できの悪い次兄のフレドが朝鮮半島なんですよ。それで日本はマイケル・コルレオーネ。でもね、この末弟が実は一番成功する。

門田　なるほど、賢いし、切れるし……。

山上　それで、マイケルはもう兄貴をやっつけちゃった。朝鮮併合というのは、まさにフレド殺しなんですよ。だからもう、フレドは決して許さない。こんなふうに血塗られた歴史があって、毒に満ちている。

門田　それで、「そうなんだ」みたいにわかってくれる？

山上　みんな納得しますよ。「なんで日韓はわかり合えないのかね」と、ナイーブなアメリカ人は特に言うから「それはもうフレドとマイケルなんだ」と説明すると、「うん、うん」と納得してくれる。フレドがマイケルを許すこともないし、マイケルの力量を素直に認めないフレドに対するマイケルのわだかまりは消え去ることもない。

門田　なるほど（笑）。例えば江沢民が反日教育を始めて、しばらくしてその中身がわかってきて、「やめさせろ」と言うかどうかはともかく、少なくとも「これはいかがなものか」というくらいは言わなければなりませんね。

山上　それは言ってきていると思います。ただ、「やめろ」と言って、「そうですか」とやめるっていう話でもないし。

門田　それに反対しているという姿勢を絶えず見せることは重要ですね。

山上　それは大事です。ただ私は、これは歴史的なルサンチマンだけじゃないと思っているんです。日中の関係は、はっきり言えば、地域における覇権争いですよ。中国はアジアを牛耳りたい。でも覇権争いのときに、最初に「すいませんでした」と謝ると、覇権は争えない。

門田 日本は、アジアの自由と民主主義の旗頭。中国は、アジアの盟主面をしている日本を許せない。アジアでも、世界でも、日本のほうが圧倒的に支持を得ているのは厳然たる事実ですからね。人気もありますよね。世界の好感度ランキングでは、中国と韓国は日本に最低の点数をつけますが、それでも日本は常に1位、2位をカナダと争っている。当然、中国はそれが気に入らない。嫉妬の対象です。それはどこまでいっても勝てない。民度が違いますからね。

山上 日本は、折に触れて中国側にそれを想起させる必要がある。決して中国が日本を過小評価して、抑止力が損なわれないようにしていくこと。そういう意味では、私も外務省にいたときから、「とにかく野球でもサッカーでも、中国を撃破しろ！」と願っていました。団体競技で「サムライ日本」がこれだけ強いということが、政治家や外交官が情けない一方で大きな抑止力になっていると信じて疑いません。日本人のこの組織力を中国人民に知らしめる、日本と事を構えると大変なことになるぞと思わせることが大事なんですよ。

門田 その通りです。徹底的にチームプレイで叩くことが重要です。特に、いまのサッカーの侍ジャパンは史上最強チーム。大差で勝ち続けてほしいです。

山上　中国代表がだらしないので、中国のネットなんかでも怒りとなって出ていますね。

門田　ああ、情けないってね。

誰が中国という〝化け物〟を育てたか

山上　その後に大きな懸案として浮上してきたのは、中国のＷＴＯ（世界貿易機関）加盟問題ですね。そのときの西側全体に、中国を取り込んでやろうという意識があったからですね。自分たちのシステムの中に入れて、その貿易ルールに従って中国を豊かにさせれば、中国は民主化に向かうだろうという空気がありました。そのナラティブ（物語、話術）が強く前面に出てきた。日本も強く応援した。

門田　アメリカが必死でやりましたが、これは世界の大失敗ですね。中国共産党の本質を知れば、これは幻想でしかありませんでした。しかし日本には、その方向で支持しないと、またアメリカに出し抜かれるかもしれないという危惧もありました。

山上　日本政府の関係者の間にも、対中国交正常化でのニクソン・ショックの残像があったんですね。アメリカが中国のＷＴＯ加盟にいい顔をしようとしているときに、また日本は蚊帳《かや》の外に置かれるんじゃないかという不安感。アメリカに後れを取るまいということで動いた面があるのは間違いないですよね。そしてもう一つあったのは、やはり日本企業の声。中国市場で利益をあげたい企業は五万といて、「なんとかしてくれ」という財界の声もあった。

門田　それから随分と時間が経って、トランプ政権では**マルコ・ルビオ**国務長官が上院の公聴会で、「中国を引き入れたはいいが、世界を騙すし、技術を盗むし……」と発言しましたね。こんなことを平気で言える国務長官がついに現れたことに感動しますよね。

繰り返しますが、アメリカが、中国を引き入れて豊かになったら中国は民主化するだろうという幻想から脱するのは、オバマ政権の末期まで待たなければならなかった。でも私は、政治体制の民主化は中国共産党の死、もっといえば共産党幹部たちの「物理的な死」を意味するから。絶対に無理だと思っていました。

山上　共産党政権がなくならない限り、民主化はあり得ませんね。

門田　民主化したら、共産党幹部は民衆に殺されてしまいます。私も70年代から80年代にかけては中国の民主化を信じていたのですが、その後の凄まじい弾圧で、「これはとても無理だ」と感じました。それは、中国人民の間に「底知れぬ恨み」を生んだからです。しかし、アメリカも、日本の外務省のチャイナスクールも、その人民の怒りと、それを恐れる共産党のことが、まるでわかっていなかった。凄まじい弾圧を続けてでも、「自分たちの政権を守ること」が理解できなかったのです。

山上　多分、それは国際政治的に言うと、旧ソ連の残像があったんだと思うのですよ。

門田　ああ、崩壊したときの残像ですね。

山上　西側は冷戦で勝ったでしょ。ただ冷戦に勝つためにアメリカは大変な労力を要して、ソ連という川の向こうにある存在と、水面下で激しい殴り合いをしてきたわけでしょ。それでようやく勝った。歴史学者の**フランシス・フクヤマ**が『歴史の終わり』という著書の中で、「これで自由民主陣営が勝った。これからは私たちが動かしていくんだ。したがって中国を旧ソ連のような存在にさせない、向こう岸にいたままにはさせない、私たちのほうに取り込んじゃえ。取り込めば中国が変わるだろう」と提唱しました。つまり、冷戦に勝ったことによって中国に対するガードが下がってしまった。いわば自信過剰、過信とも幻想と言えるかもしれない。そしてもう一つ、たちが悪いのはやっぱり広大な中国市場を前にして金儲けに惑わされたことです。

門田　中国には旧ソ連とケタ違いの、あれだけの広大なマーケットがありますからね。

山上　これで一攫千金と思った連中がアメリカの企業にも日本の企業にもいたことは間違いない。実際、伊藤忠商事なんて、それで成長したわけです。大商社をはじめとする日本企業の中には、中国で甘い汁を吸った人間が五万といるわけです。

それがないまぜになって、日本はとにかくODAで円借款を与えた。天安門事件で中断した円借款を再開するにあたって、中国だけではなく、日本側にも前のめりになった連中が大勢いた。とにかく「再開したい、再開したい」ばっかり叫んで、また一直線にそっちに向いてしまった。いまとなれば「なんてことをしてたんだ」と思います。

門田　熱病にかかったように「チャイナ、チャイナ」と突き動かされた人たちがいた。だからいまこそ、振り返って、冷静に分析しなきゃいけないんですよね。

山上　ただ、まだ、まだ周回遅れです。もう門田さんがいみじくも言われた、アメリカの国務長官のマルコ・ルビオが「尖閣は日本のものだ」と明言した。「靖國参拝について、アメリカが失望したとか、がっかりしたなんて言うべきじゃない」と。確固とした座標軸を持っている人間が、ようやくアメリカの国務長官に上院で全会一致で承認された。これは大変なことですよ。

門田　すごい、あれだけ言って、全会一致だから（笑）。

山上　そう、民主党からも支持されていますよ。だからアメリカも中国としっかり向き合っていくと腹を固めているんです。

門田　トランプは、もう1期しか残っていないわけですからね。しかし、後継者がそのマルコ・ルビオをはじめ、**J・D・ヴァンス**副大統領など、候補者がごろごろ出てきた。どっちにしても、この路線が確立されるようになってきました。

山上　私のような人間は、ずーっと水面下でアメリカの関係者に長年働きかけてきました。「中国に気をつけなさいよ。日本はとんでもない目に遭っているから」と言い続けてきたわけです。だけど民主党のクリントン政権も、もちろんオバマ政権も聞く耳を持たなかった。共和党政権も、なんとか中国と握ろうとした。**ジェイムズ・ベイカー**とか**ブレント・スコウクロフト**とか**ボブ・ゼーリック**のような対中穏健派、ニクソンやキッシンジャーの流れを受け継ぐような連中が脈々といたわけです。それがここにきて、ようやくアメリカが目を覚まして、中国に本気で取り組もうとしているときに、肝心要の日本は、なんで岸田そして石破、岩屋なのか……。

門田　オバマの民主党は、中国の言い分をそのまま信じ込んで騙され続けた。しかし、辞める寸前、南シナ海の軍事基地化問題が持ち上がった。さすがにオバマも絶句した。あれだけ中国は軍事基地化を否定していたわけですからね。中国ウォッチャーから見たら、なんでこの嘘がわからないんだ？　ということでしたが……。

山上　中国の真っ赤な嘘に、コロッと騙されたわけですね。

門田　それほど、南シナ海の軍事基地化問題への対処は喫緊の課題です。なのに、石破は気付かない。

山上　石破は、トランプに対しては〝十分な戦略をもって臨む〟というのに、中国に対しては何の戦略も持っていない。まったく逆なんです。

門田　石破の持ち時間は、そう長くない。誰も政権が〝年単位〟で続くとは思っていない。

山上　政治家だって、いまだに中国で飯食おうとしている人間がたくさんいるわけです。ほんとうに胡散臭い魑魅魍魎《ちみもうりょう》が蠢《うごめ》く世界ですよ。

中国の民主化は永遠にありえないのか

門田　しかし、外務省の中国担当者の外交目的、要するに中国をどうすべきかという中から、「民主化」という目標は外してしまったのですか？

山上　うーん、ないことはないと思いますが、個人差がありますね。

門田　共産党一党独裁の中国でいいということ？

山上　中国共産党支配の現状を受け入れて、王朝がどう変わるかについては知らぬ存ぜず。自分のコントロールを超えるのだから、そんなことは考えないという向きは多いですね。

門田　中国共産党は政権を下りれば、幹部たちの「命」は保証されません。先にも述べたように、民主化は〝自分たちの死〟を意味しますからね。ルーマニアの**チャウシェスク**のように国民の怒りが爆発して悲惨な運命を辿《たど》るでしょう。だから、それを阻止するためにあらゆる弾圧を中国共産党は行なうのです。70年代、80年代までの中国なら、胡耀邦時代のように、民主化する可能性もあった。しかし、今はもうありません。だから民主化を望む中国人たちは、共産主義青年団出身の**胡春華**に最後の期待をかけていましたね。

山上　そのとおりですね。胡春華への期待は大でした。

門田　胡春華は、民主化を弾圧することなく、中国共産党を緩やかに変えていける人物と目されていました。国民の人気も高かった。しかしその胡春華も更迭されてしまった。いまはもう胡春華がどこにいるのか、誰も知らない。彼は汚職とは無縁で、「おまえは上に行く奴だから」と、みんなが「汚職」からも守っていました。

山上　広東の省長をしていましたよね。

門田　胡春華は「裸足《はだし》の胡」と言われました。極貧の農家の出身で、小学校時代は10キロ以上の道のりを草鞋《わらじ》を履いて通学していた。10キロも歩いたら草鞋はボロボロになる。学校に着く頃には、いつも裸足。それでその名がついた。しかし、頭脳はまさに「神童」。飛び級を続けて北京大学まで行きました。

そういう男であることに人民は敏感ですから、人気が出た。「自分たちより貧乏だったんだ」って。しかも神童ですから、有能な行政マンとして的確な指導ぶりを発揮したので、共青団が、「彼を将来、国家のトップに」と応援した。しかし、習近平にとっては、自分を脅かす存在。最後に、習近平に排斥されてしまった。李克強がずいぶん胡春華を守ったのですが、ついに中央の舞台から去らざるを得なかった。胡春華がいなくなって、共産党の改革に希望を持っていた人々の失望は想像以上です。共青団出身者もいなくなったことで、実務のできる部下を習近平自ら消してしまいましたね。

2010年、尖閣の衝突事件が日中関係の分水嶺

門田　話は戻りますが、その時点では、例えばチャイナスクールの人たちが、中国が豊かになることが民主化のチャンスだと考えていたとしても、その後の時間の経過とともに、中国が「日本の存続」そのものの脅威になってきたことは明らかです。日本国の安全保障にこれほどの重大な脅威を与えているのに、それでも中国側に与《くみ》するというのは、はっきり言って「売国奴」のそしりを免れることはできません。

山上　それがもう明確に出たのが2010年の尖閣諸島で、海上保安庁の巡視船に中国漁船が衝突した事件。漁船は故意にぶつけてきた。

門田　**菅直人**内閣のときですね。

山上　それが分水嶺だったと私は思っています。それまで中国は着々と軍備を増強してきましたが、中国が国際秩序に対する挑戦者だというのが誰の目にも明らかになってきたのが2010年。尖閣諸島という、まさに日本の領海内の出来事。海上保安庁の巡視船に故意にぶつけてきたのに、政府や外務省の対応の弱さ。これはチャイナスクールだけの問題

ではなく、あのときに指を咥《くわ》えて見ていた責任者が**佐々江賢一郎**次官。アメリカン・スクールです。垂が中国課長。

門田　山上さんは日本にいたんですか。

山上　私、あのときはロンドン大使館の政務公使。ロンドンで怒りをぶちまけていました。尖閣についての言論戦で中国勢と戦っていましたよ。ただあのときは、うちの**林景一**大使が負けてしまった。中国の大使とＢＢＣの番組に出演したのに……。

門田　それぞれの節目がわかってきましたね。

山上　象徴的な事件としてはやっぱり10年の尖閣船舶激突と、それから12年のいわゆる尖閣諸島国有化に対する中国の反発。でも、これで中国の好戦性、攻撃性が明らかになった。これが「舵を切る」いい機会になって、それもあって民主党政権が瓦解した。国民が審判を下したということです。では、その後安倍政権は本当に期待通りに動いたのか、という次の問いかけが来る。でもそこで**今井尚哉**のように習近平の国賓訪日実現を画策していた「君側《くんそく》の奸《かん》」もいた。これはやはり、今後の日本のために、化けの皮をはがしておく必要があると思います。

安倍さんは確かに頑張った。習近平に対峙して譲らなかった、トランプの力をうまく利用した、それは間違いない。だけど外務省は中国に対してどういうメッセージを送っていたのか。「習近平訪日」などを持ち出し、歓迎の意向を囁いたら、いくら安倍さんが強硬姿勢を示しても効果がないのです。中国からみれば、「ああ、なんだ」と。「日本はこうやって分断できるんだ」と甘く見てくる。今井尚哉補佐官や**長谷川栄一**補佐官を取り込んでしまえばいいいんだと考える。あるいは**柳瀬唯夫**秘書官を取り込めばいいいんだと……。

手玉に取られる自民、公明、そして外務省

門田　石破政権はほんとうに危ない。左翼革命が成就し、その末に誕生したのが石破政権ですからね。自民党総裁選の第一回投票では高市さんが勝ちました。でも決選投票では石破が逆転した。一瞬にして日本が暗黒になりました。このあいだ、元閣僚と飲んでいたら、「自民党の議員は想像以上にわかってないんだよ」というんです。何かというと、「石破なら選挙に勝てる」と思っていた議員が結構いる、というんですよ。驚きました。石破がある程度、次の総理を問う世論調査で数字がよかった理由は、野党支持者が石破に入れているだけであって、その人たちは選挙になれば、自民党に入れないことは常識です。自民党

の議員は、そんなこともわかっていないのか、石破を総理にしたら選挙は惨敗だよ、と教えてあげたかったですよ。

山上　石破さんはそれなりに庶民に人気があるんだ、みたいな捉え方で、高市さんより石破となったんでしょうね。

門田　まあ、財務省と中国は、高市政権が最もイヤですから大変な多数派工作を展開しましたけどね。もちろん、中国は〝支配下〟にある公明党を通じてですが……。それでも私は、反高市の奴らもみんな、自分のバッジを外すよりは、最後は高市に投票するだろうと、感触を持っていました。しかし、その元閣僚には「それは認識が違う」と言われてしまいましたね。

山上　そういう意味では自民党の政治家の大半も、いわゆるオールドメディアの「左振れ」に洗脳されていますね。対中姿勢でも、高市さんに不利になった議論は、「高市になると靖國参拝を挙行するだろうから、日中関係・日韓関係が悪化する」というもの。いまだにこういうことを真顔で言う人がいる。

門田　そうですよ。その議論を聞いて誰がよろこぶかというと、中国と韓国の左派にほかならない。

山上　要するに靖國に行かせない。靖國に行くような政治家は潰してやると。結局、中国に操られているだけなのに、それをしたり顔で言って回っている人たちがいる。暗澹たる気持ちになりますね。

門田　もし高市さんが総理になって、靖國に行ったとして、中国は最初は騒ぐけど、春季、秋季の例大祭も、また終戦記念日もと、ことあるごとに行っていたら、すぐに批判をしなくなりますよ。靖國問題は、「歴史カード」として使えるからやっているだけのことですから。使えなくなったら、もうやりませんよ。

山上　そうです、カードとして使えなくさせればいいのでね。

門田　簡単なんですよ、実はこれ。

反故にすべき中国との〝取り決め〟

山上　この前、中国生まれで中国育ちの作家・**石平**さんを靖國神社に連れていったんですよ。石平さんと共著で『超辛口！「日本外交」』（飛鳥新社）という本を出したのですが、そのとき彼が行きたいという。それで、「せっかく行くんだったら、本殿でお参りさせてもらいましょう」と、**大塚海夫**宮司に頼んで入れてもらいました。靖國の現在の宮司は私の朋友《ポンゆう》で、「元防衛省の情報本部長で駐ジブチ大使まで務めた大塚海夫氏です。自衛隊の大幹部・将官クラスが初めて靖國の宮司になりました。彼はフランス語も英語もペラペラで、靖國について国際社会の誤解を正そうという、まっとうな問題意識を持った男です。彼の案内で本殿に入れてもらって、石平さんがとても感動していました。やっぱり、あの中に入るとわかるんですが、神聖な空気が満ちている。都会のど真ん中なのに、靖國の森には時間が止まったような静寂がある。石平さんはそれを身をもって体験して、心を打たれていました。それを見て、私もうれしくてたまりませんでした。

これはもう、アメリカ人こそやってほしいなと思っているんです。私はいままで、何人も外国の方を連れていっていますけどね。中国生まれで中国育ちの石平さんがああいう反応を示すのであれば、アメリカ人は心底感激するはずです。日米は直接、激しい干戈《かんか》を交《まじ》えたので、相通じるものがあると思いますよ。

門田　大塚海夫さんが靖國神社の宮司になられたのは大きいですよね。トランプ大統領やマルコ・ルビオ国務長官をはじめ、政権の有力者たちを連れていってほしいですよね。左翼化した自民党の首相では無理ですが、高市さんが総理・総裁になったら、可能性が出てきます。ほかは無理です。媚中派ですから。

山上　石破さんは自分自身が行こうとしないですものね。

門田　日中には申し合わせがあって、「総理・官房長官は靖國参拝しない」という約束があるらしいんです。自民党総裁選で、高市さんが「これ、本当にあるんですか？」と、討論会のときに聞いたら、林芳正、**加藤勝信**の二人の新旧官房長官が、ギョっとしていました（笑）。

山上　そんなの、仮にある政権がそういう口約束をしたとしても、事情が変わったと告げればいいだけの話ですよ。

門田　政権が変わっているんですからね。

山上　政権も変わっているし、中国がこれだけ日本に仕掛けてきているのだから、「もうそんな時代じゃない、あんたがたが状況を変えちゃったんだ」と言えばいいだけ。仮に逆の立場だったら、中国人は必ずそう言いますよ。だから、仮にそんなものに縛られているとするのなら、こんな愚かなことはないですね。だから公明党も含めてね、受験秀才でさえないのに、秀才を気取ったようなおっかなビックリの姿勢なんです。暴走族にカツアゲされて、お小遣いをあげちゃうみたいな外交をやっているんですからね。

国会議員は人材として二線級？

山上　私が最近、違和感を覚えるのは、国会議員とか霞が関の役人を称して「エリート」と言っていること。でもいまの深刻な問題は、国会にも霞が関にも真のエリートがいなくなりつつあるということです。

門田　もう真のエリートではなくなってきている？　つまり二線級？

山上　二線級の人材が国会議員や上級職、総合職の官僚になる、そんな時代になっているから、民度の高いこの日本国にして、なんたる外交をするのかということになってしまうんですよ。

門田　二線級の国会議員といえば、それはもう石破さんが典型的、箸の使い方も知らないし、集合写真にも入らない。国際舞台のイロハのイさえ知らない。あの立ち居振る舞いに如実に現れています。

山上　この日本外交の劣化、体たらくは悲惨の一語。私から見ていても、私の10年下ぐらいはまだましですが、20年下、いまの40代前半の課長クラスは、明らかに劣化しています。

知的能力からして落ちている。それから、もう一つ大事なのは使命感の欠如。

門田　昔は「ノブレス・オブリージュ」（高貴なる者の義務）を旨としたはずなんですが……。

山上　いま、この連中は「ワークライフバランス」を唱えるんです。私がオーストラリア大使をやっていたときに、経産省から参事官が来ていました。私の部下の公使が週末に仕事の指示を出したら「この大使館はブラックだ」と、こう来るわけ。

門田　う～ん！

山上　在外公館の外交官って、要するに「24時間週7日勤務します」ということで、在外勤務手当をもらっているんですよ。

門田　そうですよね、だから残業手当なんてものはない。休日出勤なんて。行事があったら出るのは当たり前ですよ。

山上　それが、週末に仕事の指示を出しただけで、ブラックだとかパワハラだとか文句を言う。40代前半の男がですよ。霞が関の「ノブレス・オブリージュ」は完全消滅です。

門田　霞が関の官僚がエリートじゃなくなっちゃっているわけですね。

山上　いま私は法律事務所にいるんですけど、そこの若手弁護士のほうが、はるかによく働く。すごいですよ、仕事への熱意というかコミットメントというか、残業も厭わないし。

もちろん。それなりの給料をもらっているということもあるんでしょうけども。だから心配なのは、ほかの業界で成功しなかったような輩が国会議員になるでしょ。

門田 うん、世襲議員を見ると、よくわかる。

山上 たぶん、ほかで成功できないから、親父のあとを継いで、国会議員になったんだなとしか思えない。石破だって、小泉進次郎だって、明らかに恵まれた環境で刻苦勉励することなく育った二世の雰囲気が漲《みなぎ》っている。知的能力が劣っているとしか思えない議員もいます。

門田 制度を変える必要があるよね。

山上 日本国の将来を考えた場合に、やはり他の分野、法曹でもジャーナリズムでも商社でも銀行でも学界でも、いろんな分野で功成り名を遂げた人が議員になるというシステムを考えるべきです。昔の参議院はそういうものでした。でもいまは、衆議院議員になれない人が参議院議員になるといった、第二衆議院のような形になっている。国会議員の質を見ても、官僚の質を見ても、これでは諸外国に伍していけないですよ。

国家観が欠如した戦後エリート

門田　官僚もそうだし、政治家もそうですね。要するに戦後の民主主義教育、戦後教育が育んだのは何だったか、ということです。戦後の秀才君、エリートちゃんは、どんなものを育んできたのでしょうか？

山上　国家観がない、歴史観もない。誰のために、何のために自分が働くのか、その根本が欠落したまま。数学や英語などの偏差値ばかり優先する。

門田　国家観も、歴史観も構築できなければ、「偽善」がまかり通ってしまうわけです。例えば、多文化共生、多様性という言葉が流行したら、「あ、そうだ、多様性、多文化共生が重要だ」と飛びつく。日本が何を大切にして歩んできた国であり、民族なのかを全く理解していないまま、つまり、日本の国柄も考慮に入れず、耳触りのいい言葉に飛びつく。その上、「自分はいい人だ」と自己陶酔してしまうのです。

移民を受け入れて「多文化共生をしないといけない」と思っている秀才君・エリートちゃんには、まず「あなたたち、今度スウェーデンとノルウェー、行ってきてごらんよ」

とすすめます。「ほとんど一体化している」と思われがちなスカンジナビアが、実際には1000キロの国境線を挟んでどんな違いがあるか。あるいは、移民というものがどのくらいヨーロッパを苦しめているか。ノルウェーが生き残り、スウェーデンが世界第二位のレイプ大国になった実態をその目で見て、自分の娘や孫を「あなたはどんな目に遭わせたいんだ？」と聞きたいんですよ。

山上　**岸田文雄**前総理がその典型ですよね。彼は受験秀才ではなく、むしろ落伍者でしょう。私は面白いこと言われました。かつて**岩屋毅**外務大臣と食事をしたときに、岩屋さんが「岸田と自分は自民党では馬鹿にされているんだ。なんとなれば、岸田は開成、自分は鹿児島ラサールに行ったけど、結局、東大に行けなかった」と語っていた。

門田　早稲田の出身ですからね。

山上　自民党では肩身が狭いということなんですが、早稲田だって立派じゃないですか。出発点として、そんな歪んだ意識がある。だから岸田は総理になったときにインタビューを受けて、「人生最大の屈辱は東大受験に失敗したこと」なんて言ったんですよ。

門田　総理になった人間が言うこととしては、みみっちすぎますね。

山上　受験秀才でお勉強だけできて、東大に入って役人になったような人間がはびこる。

同時に上手くハードルをクリアできなかった人間も、器が小さい。岸田はその典型だから、「多様性」なんてきれいごとばっかり言っていたでしょう。それで、それに関して「日本には差別がある」かのような、まったくおかしな談話まで出した。

門田　これは、本当に許しがたいですよね。

山上　バイデンに、「日本経済が低迷しているのは、日本人が外国人嫌いだからだ。中国やロシアと同じだね」なんておとしめられた。岸田はなんの反論もしてない。

門田　あり得ませんね。

山上　受験戦争の勝者も敗者も含めて、みんなもう外来のステレオタイプに侵されちゃっている。洗脳されているんですよ、しかも人を疑うことを知らない。誰がこういうことをやれば喜ぶか、それはばかり考えている。先ほどの柳瀬君の発言もそうです。「総理になったら靖國に行くと高市さんは言った。だからダメだったんだよ」という38ページで説明した発言で一番喜ぶのは、「靖國に行くべきでない」と言っている中国共産党であり、北朝鮮労働党であり、韓国の左派でしょう。彼らの手の平の上で踊らされてるのに、そのことに思いを致さない。国際的に見れば、いかにナイーブかということですよ。

門田　そこで重要なのが、外務省に毅然としたまともな感覚があれば、「むしろ靖國に行くべきだ」と、本来は思わなければいけない。靖國に行くことによって、「ついに日本の首相は中国や韓国の影響力を脱して、法の支配、自由と民主主義、資本主義のリーダーの一つとして、きちんと中国と対峙するんだ」ということを、国際発信できる。「これは絶対に必要です」ということを、外務官僚は発信しなければいけない。でもやっていることは中国におもねっていて真逆。レベルが低すぎます。

石破はトランプと並んで靖國に行け！

山上　だから私は、第二期政権のトランプが訪日したら、日本の総理大臣と揃って、靖國に行けばいいんだと、いろんな場で言っています。大塚宮司がいるあいだに、ぜひ海外の要人が靖國に行けば……。

門田　アーリントン墓地に行くのと同じように来てもらえばいい。先ほども言ったように大塚さんが宮司をつとめているいまがチャンスです。

山上　特にまず欧米人から切り崩して、どんどんどんどん連れていって、行くのが当たり前だっていう形に持っていきたいですね。まずルビオ国務長官、次にトランプ、するとオセロゲームのように、黒がまたたく間に白に変わっていきます。でも、岩屋は行かないでしょう。

門田　石破や岩屋は心底、左翼なので、絶対に行きません。先人が何のために命を捧げて国を守ろうとしたかを、まったく理解していませんから。

山上　毎日のように行けばいいんですよ。

門田　靖國通りを通ったらちょっと寄るとか、春も秋も例大祭もいろいろあるわけだから、その度ごとに行けばいい。そうするとマルコ・ルビオ国務長官が来たときには当然「一緒に行きましょうよ」となるし。トランプが来たときも、「わあ、私は本当は晋三と来たかったんだ」みたいな話になりますよ。それは「抑止力」としても、大きな力を発揮します。

山上　ただ残念なのは、まさに靖國とゆかりが深いような人間でさえね、靖國を腫れものに触るかのように扱う。その典型が**阿南惟茂**《これしげ》。「大罪を謝し奉る」と言って割腹自殺した**阿南惟幾**《これちか》陸軍大臣の息子。

門田　終戦の日、切腹して果てた阿南陸相は、当然、靖國に祀られていますよね。

山上　入っていますよ。父親が靖國にいながら、阿南本人は中国の要人が来るたびに、「靖國じゃなくて千鳥ヶ淵に連れていけ」って部下に言ってたんですよ。阿南アジア局長のときに、私は中国課の首席事務官。中国共産党の宣伝部長とか国防大臣が来るたびに、「中国側を千鳥ヶ淵に連れて行くように中国側に働きかけろ」と、こう言うんですよ。

門田 山上さん、靖國というと、中国のお偉方が怒るかもしれないから、ぎりぎりのところで千鳥ヶ淵のほうに行かせて、死んだ人間を敬わせるという意思が、阿南さんにはあったということですか？

山上 そんな浅智恵があったんでしょうね。ただ阿南局長は自分で動こうとしなかったし、部下を使って中国に対する働きかけをするだけ。そういう働きかけをするっていうことになると、外務大臣の決裁がいります。時の外務大臣は**小渕恵三**だったんです。

で、中国の要人が来るたびに、千鳥ヶ淵に行くように働きかけるという決裁書が上がってくるものですから、あるとき小渕外相はアジア局長と中国課の首席を呼んで、「これ一体どうなってんだ。中国の要人が来る直前にこういう決裁書が上がってくる」と、要するにご機嫌斜め。

門田 不信感を持ってアジア局長を呼びつけたと……。

山上 阿南局長のずるいところは。「責任者を連れてまいりました。事務処理が遅いもので」と私の首を差し出した。

門田　マジですか、それ？

山上　平気でそういうことやるんです、ええかっこしたかったんでしょうね。

門田　それ、ひどすぎます。それは許しがたい。

米海兵隊も「靖國」を敬愛している

門田　とにかく媚中政権がつづけば、日本の存続は難しい。そのことが国民もわかっていないし、外務省もわかっていない。そこで、国家観と歴史観がある国家の領袖が絶対的に必要なんです。安倍さん亡きあとは、改めて言うまでもありませんが、高市政権ですよね。高市政権ができたら、トランプ大統領をはじめ、アメリカの要人に積極的に靖國参拝をしてもらいたい。しかし、それには、相当な下工作が必要です。2016年、現職大統領として初めてオバマが広島を訪問してくれましたが、これには、いろんな方策が使われています。

私の大学の先輩である**森重昭**さんは自身も被爆者ですが、オバマ大統領が広島に来たとき、被爆者代表として抱擁し合って全世界に放映された方です。なぜオバマは森さんを抱擁したのか。それは単に彼が被爆者だったからではありません。森さんは、証券会社に勤めるかたわら、こつこつと、ある史実を調べました。それは、日本空襲の際に対空砲で撃墜され、捕虜になった米空軍の8人が広島で被爆して亡くなっていた史実です。森さんはその8人のアメリカ兵のことを調べ上げ、全米で一人一人のご遺族を訪ねて名著『原爆で死んだ米兵秘史』（光人社）を書いたのです。これこそ、オバマを広島に呼び寄せた大きな理由でした。

今まで米大統領が広島を訪れることができなかったのはなぜか。それは、アメリカ最大の圧力団体の一つである在郷軍人会（American Legion）がこれを許さないからです。原爆投下は、あくまで彼らにとって「正しいこと」であって、自分たちの大統領が広島を訪れ、そこで万が一にも「お詫び」ととられるような行動があってはならないのです。

つまり、彼らが反対しない状況をつくらないかぎり、アメリカの大統領は絶対広島には来られなかったのです。これを突破するために、広島の人々は大変な努力をしました。地元の広島テレビが「オバマへの手紙」というキャンペーンをおこない、原爆犠牲者への慰霊のために贈られてくる千羽鶴を溶かして再生紙にして、そこに平和を祈る広島の人々を中心に「オバマさん、広島にぜひ来てください」『私たちは謝罪を求めていません。一緒に原爆の地から永遠の平和を祈ってほしいのです」と訴えました。これを当時の広島テレビの社長で、読売新聞記者時代にワシントン支局長も務めたことがある**三山秀昭**さんがアメリカのホワイトハウスに持ち込むのです。

そのとき、威力を発揮したのが森重昭さんの『原爆で死んだ米兵秘史』でした。謝罪を求めない広島の人々が、「原爆で亡くなったアメリカの兵士を含む全犠牲者を悼み、永遠の平和を広島の地から祈ってください」と求めていることをオバマ大統領が知るわけです。原爆で亡くなったアメリカの兵士を悼むことに在郷軍人会が反発することはあり得ません。

こうして、オバマの奇跡のような広島訪問が実現しました。まっすぐ森重昭さんに歩み寄り、オバマが森さんを抱擁した姿は、本当に感動しました。

山上　なるほど。その前に、まず**キャロライン・ケネディ**駐日大使を連れて行きましたね。ケネディ、ケリー、そしてオバマにつなげた。でも在郷軍人会の反応に関しては、私は広島・長崎のほうが靖國よりハードルが高かったと思うんですよ。当然、原爆を落としたという原罪意識はあるので、「それについて日本人にやいのやいの言われるのはかなわない」という、構えちゃう気持ちがありますから。でも靖國については、「軍人たるもの、国のために命を賭して戦った人間が祀られている」ということであれば、むしろ賛同するのではないでしょうか。すでに在日米軍の司令官などはちょくちょく訪れています。自衛隊の人間と一緒に。だから軍人同士はもうわかり合っている。

門田　一昨日も私、アメリカの海兵隊OBと飲んでいたんですが、彼が、まさにそれを言うわけです。軍人同士は、お互いを尊敬し合っています。次の私の作品は硫黄島が舞台なので、関連の取材を続けていますが、硫黄島で干戈を交えた間柄でも、お互いに敬愛し合っている。憎しみ以上に、国を背負って戦った者同士の尊敬がある。靖國参拝に対しても、「大統領が必ず参拝できるようにしてくれ」と、海兵隊の人にも言われています。

山上　アメリカの軍人が言っている？　それはおもしろい！　それは日米同盟を真に確固たるものとするには、絶対に乗り越えなければいけないハードルだと思っているんです。

やはりアメリカのトップである大統領に、日本の軍人に対する敬意を払ってもらう。それがあってこそ、ひとたびことが起きた場合、例えば台湾海峡でともに血を流そうじゃないかという、心の絆が生まれるわけですから。

門田　高市政権ができたら、これ、実現すると思いますよ。山上さんにもかなり動いてもらわないといけないけど（笑）。

第3章

中国にひれ伏す日本外務省「驚愕の実態」

USスチール問題で後手に回った官僚の無能

山上　日本製鉄がUSスチールを買収するという話、双方の経営陣が前向きだったのに頓挫してしまった。**石破茂**首相が訪米して前進しそうだったのに、**トランプ**は「買収ではない、投資だ」という。何のために行ったのか、わけがわからない。

門田　後手、後手に回っていますよね。やはり「鉄は国家なり」なので、USスチールが買収されるということになったら、アメリカ人は絶対反発してくることはわかっていた。バブルの時代に三菱地所がニューヨークのロックフェラーセンターを買い取ったときとは、わけが違います。アメリカ人が納得するようなやり方はなかったのでしょうか。

山上　やはり説明、ナラティブの売り込みが遅れましたね。普通の人にゆっくり説明すれば、十分理解してもらえるはずなのに。現在の世界の鉄鋼産業がどんな状況にあるか。「中国が年々強くなって、このまま放っておくと、世界の鉄鋼生産はもう中国に席巻されますよ」と。「だから日本とアメリカは自国の鉄鋼業を生き残らせなきゃいけない。それで、アメリカで業界3位のUSスチールはアップアップだから、日本が助けますよ」という言い方が大事でした。

門田　ただ、大統領選挙の年であり、また、ペンシルベニア州という接戦州で「ＵＳ」というロゴが入った企業が日本企業の傘下に入ってしまうというのは、感情的な問題が絶対に残ります。政治家は、それを気にします。「雇用はどうなるのか」「まさか鉄鋼生産量が落ちてしまうことはないんだろうな」と。「そんなことはありません」としっかり説明することが不可欠でした。

山上　そこで、「日本が資金を提供して、サプライチェーンを強化するんです」と。「アメリカの経済安全保障を考えると、中国企業に買われるよりはるかにいいでしょう」と。

門田　「立て直すんです」と、堂々と胸を張ればよかったですよね。

山上　そうです。日米共同のプロジェクトで中国に立ち向かっていく。これこそ経済安全保障上、必須で不可欠のプロジェクト。そういう売り込みを早めにすれば良かった。ところが、この宣伝ができなかった。

私が聞いているのは、やはり日本製鉄から経産省に話を持って行った時期が遅くてね、対外発表直前に持ち込まれたものだから、経産省がへそを曲げたという話です。また、日本製鉄が使ったアメリカのロビイストが経産省の対応を批判したりして、火に油を注いだ、そんな裏話を聞かされました。

門田　アメリカ人の立場からしても、日本製鉄は大事な大統領選挙の年に何をやるんだ、という気持ちになりますよね。

山上　まったく政治音痴なんですね。それから困ったときに、トランプに嫌われた**マイク・ポンペオ**に頼ったりして、この選択も間違っている。そんなふうに日鉄の対応を責める声も多い。しかし、日本政府は積極的に応援しなかった。日本企業がアメリカ企業を助けるという日米協力のプロジェクトなのに、**岸田文雄**も石破も腰が引けて、事態を静観したのが一番の大きな間違いです。典型的なのは岸田のアメリカ議会での演説です。ひと言もこの問題に触れなかった。サポートしてやらなかった。「冷たいな」と思いましたよ。

門田　これは人材の劣化をそのまま表しているわけですが、この共同プロジェクトが日米の鉄鋼産業を守るために不可欠だという論調をつくり上げていって、アメリカの有力紙に書かせたり、三大ネットワークにも報道してもらうべきでした。日米双方にとって絶対的に重要なものであるという論調をつくり上げていかないと、それは無理なんですよ。

山上　その通りです。こういう問題のときの日本人の悪い癖なんですけど、日鉄側を責めるんですよね。例えばいまＳＮＳで盛んな議論は「日鉄は中国とズブズブだからだろう」

と。だからアメリカに嫌われて、「ざまあみろ」みたいなことを言う人がいるわけ。

門田　日鉄と中国との関係なんて、はるか昔の**稲山嘉寛**会長の時代からですよね。中国の宝山製鉄所を助けて、高度技術まで教えてしまった。

山上　でも、相変わらずそんな時代錯誤のことを言って、「これもアメリカから見たら安全保障上の脅威になるでしょ」なんておかしな議論する人がいる。特に業界他社の人とか。

でも、そうであればこそ、よけい中国からアメリカにシフトさせるのが重要じゃないかと思います。もし、日鉄が中国とズブズブだから、アメリカから見て安全保障上の問題があると言うのだったら、それこそ日本政府自身が手当てしなきゃいけない。日本企業の問題なんですから。ということで、私は全然、その議論には首肯できない。

門田　日本政府が日本企業を支援するのは当然です。また、日米でサプライチェーンを見直して、経済安全保障をしっかり確保していくように、遅まきながら盛り返さなきゃいけない。

山上　私は、トランプは雇用を増やすなどの、彼が望む条件を持ち出せば、必ずしもノーとばっかり言い続けないのではと考えているんですが。

USスチール買収も通せない存在感の希薄さ

山上　先ほど挙げた**阿南惟茂**は、退官して新日鉄の顧問の座に就いていました。としたら、彼が新日鉄で何をやっていたのか？　中国への技術支援の在り方やUSスチールの買収もきちんと道筋をつけられなかったのか。阿南は2024年11月13日、83歳で死去してしまいましたが……。

門田　でもそれまで、買収問題には関わっていたはずですよ。それによって、激しい反発が予想される以上、どういうスキームなら、その反発をかわせるか、それをどう組み立てるかが顧問の役割ではないですかね。私は、バブルの時代にロックフェラー・センタービルを買い取った三菱地所のドン・**高木丈太郎**さんと親しかったので、その経緯を聞いたのですが、「アメリカの象徴を買う意味でやった」と語っていました。

山上　あ、そうだったんだ。それは初めて聞きました。

門田　高木さんは私が2009年に文藝春秋から出した『康子十九歳　戦渦の日記』の主要な登場人物です。まだ中央大学予科時代に、学徒の勤労動員で陸軍造兵廠で必死に働いた高木さんは、最後まで若き日のアメリカへの気持ちを忘れませんでした。そして、ついにはアメリカの象徴ともいうべきロックフェラービルを買収したんです。

マスコミ的には、それをやったがために三菱地所は大きな損失を出したように言われていますが、売却したときには結局、ちゃんと利益を出しているんです。でも、あのときのアメリカ側の反発も激しいものでした。私はそれを現在進行形で見ていたので、USスチールを買うなんて言ったら大変なことになるなと感じて、どんな形でアメリカの反発を薄めるスキームをつくるのだろうか、と見ていたんですよ。

山上　日鉄の件では、大商社の連中が言うのは、「うちだったらあんな契約交わさない」と。「これは日鉄の前では絶対言えないんだけど」と私の耳に入れてくるのは、要するにUSスチールと契約を結んだときに、アメリカ政府の承認が得られないときにも、なんと日鉄がUSスチールに違約金を払うことになっているという条件。あり得ないことです。だって日鉄がアメリカ政府までコントロールできるはずがない。アメリカ政府の承認を取り付けるのは、アメリカの会社であるUSスチール側の役割なはずです。ところが違約金が日本円で八百億円でしょう。

門田　なんであんな馬鹿な条項を入れたのか、理解に苦しみますね。

山上　結局、いまのままでは、日鉄だけが馬鹿を見る。USスチールは違約金を受け取れるし、クリーブランド・クリフス社（全米3位の鉄鋼メーカー）は自分たちでUSスチールを買えてしまう。バイデンも「私が止めてやったんだ」と、全米鉄鋼労組にいい顔ができる。「バカを見るのは日本企業だけ」という図柄になっちゃって。

門田　そもそも、なんであんなディールをしたのか。

山上　日鉄はかわいそうなんですよ。バイデンが日和って保護主義に寝返って。国家安全保障なんて体のいい理由でしかない。いまUSスチールは兵器級の鉄鋼などは製造していないのだから、国家安全保障の概念から外れている。完璧な保護主義でしかない。

アメリカ政府の閣僚の中でも反対したのは、国務長官や国防長官ではなく、**キャサリン・タイ**通商代表だけだったそうです。彼女が止めたというのであれば、理由は完璧なアメリカの保護主義。それにきちんと備えておけなかった日本製鉄。「日本を代表する企業でありながら、なんと間抜けなのか」というのが……財界の本音です。

門田　しかも、事態収拾に動いてもらったのが、マイク・ポンペオでしょ。それじゃ、まとまるものもまとまらない。

山上　それは、ワシントンの政治の風が読めてないからです。私、ポンペオは、よく知っているんですよ。彼がCIA長官のときにね、私は外務省の国際情報統括官で、会議でも会ったことあるし、24年の前半に彼が東京に来たときも夕飯を一緒にしました。でもやはり、ポンペオはいまトランプに遠ざけられてしまっています。「ポンペオと**ニッキー・ヘイリー**（前国連大使）は閣僚に任命しない」と、トランプが真っ先に言いましたが、ポンペオはある種できる男なので、彼を閣内に入れると、自分の後釜として育ってしまうという不安があったのでしょう。トランプが育てたいのは**J・D・ヴァンス**、あるいは**マルコ・ルビオ**ですから。そこにライバルをつくるのは得策じゃない。だからポンペオは遠ざける。そういう見立ては前々からあったんですよ。それなのに、にっちもさっちもいかなくなった日本製鉄は、ロビイストとしてマイク・ポンペオに頼ってしまったわけ。

門田　もう、そのセンスのなさは驚くべきものですね。その名前が出ただけでまずいでしょ（笑）。名前聞いた瞬間に、「あ、これダメだ」って思いますもんね。

山上　契約条項の文面、違約金支払い、それから大統領選挙の年にペンシルベニア州という接戦州にあるUSスチールという名前の会社を買いに行ったこと。それからポンペオを使った……日鉄側に大チョンボがあったことはもう間違いありません。

でも、その上で問われるべきは日本政府は何をしていたか。私は外務省経済局長の経験もありますが、そのままの役職でいたら、日本製鉄がいかに馬鹿だって、日本企業だから助けます。ところが日本政府がずるいのは、みんな様子見。経産省も外務省も、在米大使館も。**山田重夫**駐米大使も動こうとしなかった。クリーブランド・クリフス社の社長に「中国もひどいけど、日本のほうがもっと邪悪だ。中国にダンピングや過剰生産を教えたのは日鉄だ、日本だ」「日本は1945年以来何も学んでいない」などと侮辱されても、山田大使は出て行かない。

門田　これ、山田重夫問題というものもあるんですか。

山上　山田重夫は基本的には、森蘭丸みたいな有能な側近タイプで、外交官としての確固とした歴史観、国家観、戦略観を感じさせる男ではないんですね。事務処理能力の高いテクノクラートタイプです。私より2期下の後輩。アメリカ研修だったのですが、英語があまり得意でないから、アイビーリーグの学校ではなく、外務省が特別なコネを持つ、ミネソタ州にある小さなカレッジに押し込んだほど。それもあってか、米国メディアに打って出て行かない。ただ**茂木敏光**に可愛がられています。だから茂木は自分が外務大臣時代に、次官として森健良のあとに山田を持ってきたかった、ところがそれが岸田とぶつかって。岸田から見ると山田は茂木の配下にしか見えないので、**岡野正敬**を据えた、と囁かれています。岸田と茂木のさや当てが次官人事でも出たというわけです。ただ、こういうことをやっていると、役所の若手の士気を下げるわけです。「結局政治家が後ろについてないと、偉くなれない」との印象を焼き付ける。

門田　そうすると、贔屓の政治家に引き立てられれば、たまたま秘書官にされたりして出世コースを歩むことができる。人事は自分ではどうにもできないけれど、これも運ですよ。

山上　もう完全な巡り合わせですよね。

門田　そもそもなんですが、次官ってどうやって決まるんですか。

山上　基本的に、そのときの政権が使いやすい人間が就任します。もちろん事務方側から「この人を」という下案を作りますが、時の総理、官房長官、政務と事務の両官房副長官、そして外務大臣などの了承を得る必要があります。やはり、時の政権が使いやすい人物。

門田　まだ内閣人事局も機能していて、およそ６００人の霞が関の幹部人事を差配している。しかし、石破政権がどこまで思いどおりの人事ができるかというと、できないと思う。石破さんは官僚とのつき合いも限定的です。安倍さんとはまるで違う。そもそも誰がどういう官僚なのか、わかっていませんから。安倍さんは、菅官房長官とともに、かなり積極的に内閣人事局を使いましたね。

山上　やりましたね。でも岸田政権にあっても、総理、官房長官、両副長官、それから外務大臣は、はっきり言うとみんな拒否権を持っているんです。だから、「あ、こいつはちょっと中国に厳しいから、次官にするのはやめとこうじゃないか」と誰か一人が異議を挟んだら、役所としてはその人事は進められない。すると、最大公約数的な、要するに愛《う》い奴、使いやすい奴、無難な奴、あるいは総理や大臣に近い奴と、こうなるわけ。だから役所が決められないし、前任者が後任者を指名できない。

官僚の大半は「位《くらい》負けする冷血動物」

門田　USスチールの話に戻りますが、安倍さんが生きていたら、トランプにそういう事情を理解させたはずですが、いまは、そういうルートもない。

山上　第一期安倍政権で、トランプと会談をしていた時代、私は外務省経済局長でした。日米首脳会談のたびに用意させられたものは、日本企業の新規投資案件です。「どこの州のどこどこに工場をつくりますよ。その結果、アメリカ人の雇用がこれだけ増えるんです」というのを色刷りの資料にして、毎回、日米首脳会談のたびに経産省と外務省でアップデートして、それを安倍さんはトランプに見せながら説明していたのです。だから日本の対米投資の重要性というのは、安倍晋三がトランプに吹き込んだことなんですよ。その流れで言えば、この日鉄の話だって、雇用が実はこれだけ確保されて、あるいは場合によって、これだけ増えるんですという議論を持っていけば、トランプは聞く耳、持っていると思うんです。

門田　だから共同プロジェクトなのだし、半導体と同じだという見方を提示すればよかったんじゃないですか？　例えば新日鉄のドンだった**稲山嘉寛**会長が、最新技術まで中国に持って行こうとしたことがあります。そのとき、ある技術者は稲山と徹底的にやりあっている。「いや、さすがにこれはダメですよ」と断固、拒否したんです。稲山は中国に対しては何でもOKでしたから。

山上　あれはやっぱり、戦争責任への贖罪意識ですか？

門田　そうでしょうね。外務官僚も贖罪意識があったはずです。当時はまだ中国ははるか下の存在で、〝荒野〟の中にいる中国を援助してあげたいという意識があったのは無理もありません。しかし、いまは「強いもの（中国）に付き従う構造」でしかない。官僚は本来、国民と国家全体の奉仕者であって、自分たちは日本国を背負って国際社会の最前線で戦わなければならない。しかし、残念ながら、いまその意識が失われている。

山上　いまは上から言われるがままです。

門田　先ほど紹介してくれた**丹波實**氏のような気概のある人が出てきて、「これはいい、これはいかん！」と毅然たる姿勢を示せないのか。国家を背負う気概を持って、「いや、私は日本人であります。いくら国会の先生とはいえども、それは言葉が過ぎますよ」という正論を吐けるような官僚が半分ぐらいでもいてくれたらね……。

山上　私は、官僚の大半は「冷血動物」という言葉を使っているんですけど。

門田　冷血動物。言い得て妙ですね。

山上　やっぱりね、熱い血潮がないんですよ。別の言葉で言うと「ＥＱ」、つまり心の知能指数が低い。ＩＱはそれなりに高いのかもしれないけれども、だから弱者とか、他者への共感、思いやりが決定的に欠けている。

門田　**トルーマン・カポーティ**の名作『冷血』のようですね。

山上　これが通奏低音のように、ずうっと官僚社会にある。そのうえ、いま起きているのは、人材がもう二線級になってきたこと。だから政治との関係や、外国、特に中国との関係で、のっけから位負《くらい》けしてしまう。「位負けする冷血動物」が増えています。

門田　いや、それって（笑）。

山上　これが今の日本外交の劣化の現状というか、ほんと本質ですよ。位負けする冷血動物。前外務次官の**岡野正敬**なんかその典型だと思います。私の3期下の後輩ですが、彼が中国に対してもの申す姿なんて、到底想像できない。だから石破に対しても「総理、こうしてください」と直言できないでしょう。胆力がない。2025年2月に行われた日米首脳会談で関税引き上げにしてもウクライナ戦争にしても日本側がテーマとして持ち出さないと言うこと自体、信じられないのですが、おそらくは総理訪米を失敗させたくないと言う石破官邸と事務方の意向が働いていたのでしょう。

外務省を解体せよ！

門田　極論かもしれませんが、私はもう外務省を解体すべきではないかと思っています。驕り高ぶって、自分たちの外交官としての役割、使命感がまったくなくなってきている。要するに「儀典庁」としてしか機能していません。そこで内閣に「国際戦略局」という部署を新設して、有能な外交官はここに集めて、残りの外務省は儀典庁にしてしまう。

山上　確かに、いまは各省庁が、各国とそれぞれバラバラにやっていますね。まことに拙劣なやり方で。

門田　外務省の場合、財務省解体論ほど切実感はないにしても、内閣国際戦略局にして総合的に国際戦略を立案する部署が必要です。安倍さんが「自由で開かれたインド太平洋」という名の「中国包囲網戦略」を世界に構築しましたが、そういう戦略的な構想ができる外交官がいないですね。

山上　私も外務省をガラガラポンすべきだと思っているんです。今のままじゃ外務省は地盤沈下するだけ。大量の輸血をして新しい血を入れ、組織文化を変えていく。目の前の相手と「足して2で割ることが外交だ」と思い込んでいる人間が多いので、「そうじゃないんだ」という意識を育てる。そうしないと、領土も主権も歴史認識も侵害されるばかりです。

門田　それができなければ、「外交官の基本」が欠如しているということになります。

山上　たぶんアメリカンスクールの中でも、「ウォー・ギルト・インフォメーション・プログラムは取り上げるべきではない」とか、「広島・長崎の原爆投下批判はやめとけ」、「東京大空襲の批判はやめとけ」といったことを言う人間は多い。「スクール」の枠を超えて、目の前の相手方との関係ばかりを慮《おもんぱか》って、言うべきことを憚《はばか》る。この傾向が外務省にあるのは間違いないですよ。

門田　また戦後民主主義教育の問題になってしまいますね。国家観も歴史観も築かないまま、偏差値秀才ばかりが官僚になるという致命的欠陥です。若い外交官だって、本当はそういう歴史的な〝常識〟を勉強したいはずです。「え！ そんなことがあったのか」と、教えてあげたら喜びますよ。

山上　教えてあげるというのは大事ですね。実はそれが必要だなと感じたのは、私が親しく付き合ってきたオーストラリア空軍の元大幹部がいたんですよ。エア・コマンダーという実戦の指揮をとる男。オーストラリア空軍では出世した男ですが、彼がこの前、日本に夫婦で遊びに来たんですね。それで拙宅に泊めただけでなく、せっかくだったらと言って、靖國に送り出した。靖國神社の大塚海夫宮司もこのオーストラリアの空軍軍人を知っているので、案内してやってくれと頼んだのです。すると、この夫妻は靖國神社の本殿で参拝して、石平さんと同じように、魂を打たれるような経験をしたと語ってくれました。「ただ」と言ってね、「そのあと、遊就館に行ったら、いきなり旭日旗が掲げてあって、自分は戦争賛美じゃないかという印象を受けた」と言うから、私は「何、バカ言っているんだ」と。「旭日旗というのは、海上自衛隊と陸上自衛隊の正式な旗なんですよ」と。「海上自衛艦旗であり、陸上自衛隊旗なんですよ」という話をしたら、そんな基本的事実さえ知らなかった。彼、空軍だから、付きあっていたのは航空自衛隊だから。航空自衛隊旗は違ったでしょ。

門田　違いますね。航空自衛隊旗は日の丸です。

山上　そうすると、オーストラリアのような友好国で、軍の大幹部を務めた人間でさえ、説明しないとわからない人たちがいる。勝手に刷り込まれていてね、「旭日旗は軍国主義の象徴だ」なんて言う。

門田　だからこそ説明しなければいけないんですよ、日本は。それがいまの外務省はできていないから腹立たしい。

山上　私は文春新書で『中国「戦狼外交」と闘う』という本を出しました。「戦狼外交」とは、中国の外交官が対立的なレトリックで自国の立場を正当化し、一切の批判や論争を封じ込める外交スタイルです。その本にも書きましたが、自衛隊記念日レセプションで、日の丸といっしょに旭日旗を掲揚して広報したらどうかと意見具申したら反発をくらいました。「これは日本の自衛隊の正式な旗なんだ」と広報して反論を鎮めようとしたら、本省が「そんなことやめろ」と止めてきたんです。中国の戦狼外交に、本省まで完全に取り込まれているんですね。

門田　まだそんなことをやっているんですね。そんな状態でそもそも「戦略的な発信」ができるはずがありません。しかしこういう話を聞くと、もう山上さんのような人が外務省の中に留まっていられるような状況じゃなかったですね。

山上　口幅ったい言い方ですが、私は40年間、外務省を中から変えようと思って、自分なりに奮闘してきたつもりです。それなりにできたこともあるとは思いますし、外務省の中でも、「もの申すべき」という空気を受け継いでくれている人はいるのですが、最後の最後で潰されてしまいました。これは明らかに役所だけでなく、当時の岸田政権の政治の力学が働いていたことは明らかでした。でもこれが若い人にどんな影響を与えるのか、本当に心配ですね。「出る杭は打たれる」ということを見ると、外務官僚がますます引きこもって黙ってしまいかねない。同時に、「突き抜ける杭は打たれない」という至言も引き継いでいきたいと思います。

中国大使は「日本総督」

門田　ところで、中国の駐日大使はもう「日本総督」のような感じになっているじゃないですか。いや、正確には、これまで日本総督は2人いて、ひとりはアメリカ大使館にいた**ラーム・エマニュエル**駐日大使（笑）、彼は本国に帰ってしまったので、残る一人は**呉江**《ごこう》**浩**《こう》駐日大使。みんながひれ伏して、自民党の議員なんか、電話をもらったらいそいそと駆けつける。官僚もそうなんだけど、自民党の議員、いつもご馳走になっているし……。

山上　そんな風に思ったことはありませんが、情けない。

門田　彼らはなぜ呉江浩をはじめ、歴代の駐日大使にひれ伏してきたのか。それは、中国に行ったときにどの序列の人に会わせてくれるか、まず彼に相談しなければならないからです。できるだけサービスしておかないと、「あなたはこの程度です」となって、支援者を連れて訪中した場合に恥をかかされるわけです。**福田康夫**元首相の息子の**福田達夫**氏なんか、二年生議員の頃から、訪中すれば、当時の**李源潮**副主席にすぐ会えたほどです。彼は、若いときから中国共産党に〝特別の育て方〟をされていますね。「誰と会わせるか」ということすら、「愛《う》い奴か。愛い奴でないか」で決まってくるわけです。

山上　完全に向こうの手の平の上で踊らされるということですよね。

門田　もちろん、そうですよ。公明党の**山口那津男**は、あるときは習近平にまで会わせてくれて、一緒に写真を撮ったりできたんだけど、最後の方は、まったく会わせてもらえないわけですよ。あの二階元幹事長でさえ、昨年8月末に最後の訪中をしたとき、習近平とは会わせてもらえませんでしたね。

山上　冷たいですよね。あれだけ中国に投資した二階元幹事長が最後に会えたのは中国共産党のナンバー3にとどまりました。

門田　冷たいです。誰と会わせるかっていうところから全部、向こうが握っているので、日本側は「へい、へい」と頭を下げるだけしかできないのです（笑）。だから日本総督から電話が来たらすぐ行き、いろいろ命令されますよ。一昨年、国会でウイグルジェノサイドの非難決議をしようとしたとき、公明党が必死の抵抗を試みたのが笑えましたね。中国という国名も消すし、ジェノサイドという文言も消す。骨抜きにされて、最後は肝心な部分がほとんど消されて、何の決議かわからないようになってしまった。露骨ですよ。

「台湾独立支持なら日本の民衆は火の中に」という本音

門田　外務省にとって中国の駐日大使って、どういう存在なんですか？

山上　私から見たら、呉江浩なんてチンケな男ですけれどね。典型的な受験秀才で、アメリカ政界におけるエマニュエルほどの影響力もない。単なる外交部のテクノクラート。日本専門家というだけで、そんな者にひれ伏しているところが、日本の政治家の情けないところです。

門田 ただ呉江浩は代々の駐日大使の中でも、日本語がとても上手ですね。

山上 言語能力が高いことは事実です。だからこそね、「台湾独立を支持すると日本の民衆は火の中に連れ込まれる」なんて、受け取る側のニュアンスもきちんと理解して発言した。だから、よけいに罪深い。

門田 そうです。着任時から恫喝するとは、恐ろしいというか、勘違いも甚だしい。

しかし、親中派はこの中国がどういう国家であって、日本に何をしようとしているのか、日本をどうするかという究極の目的について勉強しようとしない。むしろ、わかりたくなくて、近づこうともしない。で、保守・現実派の人はやっぱり勉強しているから、彼らが参加する講演などでは、私は質問攻めにあいます。そういう熱心な保守・現実派もいれば、反対に「中国の実態なんて聞きたくありません」という人もいる。両極です。

山上 いまの日本の悪しき風潮は、中国に厳しいことを言うと「反中・嫌中」というレッテル張りが待っているところ。つまりレイシスト的な空気が蔓延している。

門田　彼の日本語のうまさは、受験秀才で独自に日本語を勉強したからですかね。

山上　いや、中国外交部の日本専門家はみんな、ジャパンスクールで日本語を徹底的に叩き込まれますから。だから2代前の**程永華**は前述したように創価大学に留学した。そのあとに**孔鉉佑**《こうげんゆう》がいて、そして呉江浩。みんな、日本語はうまい。おそらく外務省のチャイナスクールの中国語より、中国外務省のジャパンスクールの日本語のほうがうまいんじゃないかな。

門田　ほぉ～！（笑）

山上　だからだいたい、日中間でやり取りをするときには中国語というよりも日本語でやり取りしていた記憶があります。私は中国語はできないし、彼らは英語ができない。すると、日本語でコミュニケーションをとる。

門田　王毅外相の日本語もうまいですよね。

山上　うまいですよ、でも呉江浩のほうがうまいかもしれない。確実に言えるのは、王毅の英語は下手（笑）。先ほどの孔鉉佑は朝鮮族なんです。中国外交部の日本専門家には少数民族出身者が多い。**武大偉**《ぶだいい》もそうだし、孔鉉佑も……。

門田　武大偉も朝鮮族ですか？

山上　そうです。武大偉はソウルで駐韓国大使をつとめた後に日本大使に赴任しました。それで日本大使に着任したときに、いきなりわれわれとの飲み会で「自分は韓国大使をやっている間、自分でスーツを作る必要がなかった」と言いました。「韓国側がみんな作ってくれた。日本では誰がスーツをつくってくれるのか」ということですね。

門田　すごいね。信じがたいです。

山上　汚職の海の中にドップリ浸かる、これが中国の官僚の実態です。

門田　いつ寸法を測りにきてくれるのか……と（笑）。

山上　外交官がそんな発言するんですからね。われわれはそういう連中を相手にしているということです。

まずくなると「逃げる」中国外交官

山上　私も中国課にもいたことがあるので、中国の外交官の性癖は肌身に沁《し》みて感じています。調子がいいときはいいのですが、いったん難しい問題が起きると、彼らは雲隠れしてしまう。連絡が取れなくなってしまう。

門田　電話にも出ない？

山上　そうです。典型的なのが呉江浩の前の孔鉉佑大使。彼は、私が中国課首席のときに中国大使館の一等書記官で、私のカウンターパートだったんですよ。彼は朝鮮族で、文化大革命で下放されたりして、精神的にとても苦労した。おそらく中国共産党に対して思うところがあるはずなんですが、そんな人間でもね、尖閣問題とか歴史認識問題が起きたときに話したいと思っても、電話に出ない。

門田　ほぉ！「山上から電話……出ない、出ない」って。

山上　はっきり言うと小人《しょうじん》なんですよ。もう日本人は中国は大国だとか、中国人は大人《たいじん》だとか言いますが、とんでもない。安全マージンを広く取って自分の身を守る。個人的リスクを冒さないのは、もうイヤというほど肌身に沁みました。

門田　中国外交官は、みんなそうなのですか？　結局、自分自身で判断できる人物は習近平しかいないのですが、王毅外交部長（外務大臣）さえ、外ではいろんなことを言いだしているけれど、習近平の前に行ったらひれ伏す。典型的なそのタイプ。

山上　彼は外交部長歴が長いですからね。

門田　ずうっとやっているから、間違っても責任転嫁ができない。ややこしい問題のときに連絡が来たら、言いようがないから出ない。そういう国です。だからすべて毅然と対応していったら、どんどん向こうは譲歩せざるを得なくなってきます。外務省はそれを知らないはずはないのに、できません。

山上　少なくとも**垂秀夫**《たるみ》中国大使は、そういう中国人の性癖をわかっていたはずです。ただ、その垂をしても、歴史問題の議論にはなかなか入らなかった。垂にもっとやってほしかったのは歴史認識問題です。中国人が居丈高になって日本に説教しようとしたときは「無礼だ」と怒鳴りつけたけれど、南京事件とか慰安婦問題がテーマになったときには、むしろ正面から議論することは避けていたように思いました。

門田　垂さんも、それに関する知識は持っています。それでもできないのが外務省。

山上　中国スクールの人間は、それを言うと中国側が猛反発して制御が利かなくなるという怖れがあったんでしょう。パンドラの箱を開けてしまっては……と思ったんでしょうね。だから触らずにいたほうがいい。そうして結局、相手の手の平で踊っちゃうんです。垂がそうだというわけではありませんが。

中国と侃々諤々《かんかんがくがく》議論できないんだったら、少なくとも第三国に対しては「こんなこと、中国共産党が言っていますけども、これはとんでもない食わせ物なんですよ」という説明をしなきゃいけない。私はオーストラリアで激論を交わしました。慰安婦の問題も南京の問題も、オープンでやるのではなく、公邸に招待したとき、お酒が少し入った頃合いを見計らって、「実はね」と話し出す。それが外交官の腕の見せどころだと思っているのです。

大量の血の入れ替えで機能不全阻止

山上　かなり昔の話ではありますが、開いた口が塞がらないのは、韓国語の専門職の人間が朝日新聞のインタビューで、「何のために外務省に入って韓国語をやっているのか」と聞かれて「朝鮮半島統一を実現するためです」と答えたのです。愚か者がいるので、世も末です。

世間では「中国スクールは問題だ」と言われているのですが、実は「コリアンスクールにはもっと問題が多い」と思っている人もいます。だからガラガラポンが必要なのです。血が変えられないのであれば、大量の新しい血を入れないといけない。

門田　日朝国交正常化を実現しようとする人もいますよね。その人が歴史的な意識として日朝国交正常化を思うのは自由だけれど、反面で、財界の意向があるのじゃないですか。

財界は以前、中国でやった方法を踏襲したい。ODAなど、日本からのさまざまな援助を駆使して実は自分たちが儲ける形を、今度は北朝鮮でやりたいのです。北朝鮮を「第二の中国」としたい。外務官僚はその意向を受けていますからね。

山上　踊らされている人がいても驚かないですね。ただ私も経済局長をやっていて財界人とも付き合いますが、北朝鮮を重視して、そのマーケットや投資を考えている人は、メインストリームの財界人の中にはほとんどいないと思う。どちらかというと山師的な人ですね。

門田　キワモノ的な人物？

山上　在日系とか、あるいは北朝鮮に特別なシンパシーを持っているような人だと思います。例えばメガバンクとか大商社の連中は、マーケットとしての朝鮮半島、投資先としての朝鮮半島にはあまり魅力は感じていない。それがなくても、日本経済はやっていけると思っている人が、過半数だと思いますよ。

門田　日本経済なんて考えないでも、自分の会社の大儲けだけを企《たくら》む人物は多い。くり返しますが、自分のところで受注してという形、これは結構いますよね。

山上　中小系ですよね。それはいると思う。

門田　だから日朝議員連盟の連中には、この考えが基本的にはあります。具体的には、岩屋にしても石破にしても、かなりその意向を受けているような気がします。

中国しか見ていないチャイナスクール

山上　外務省には、研修言語ごとの語学閥（スクール）があります。「ロシアンスクール」「チャイナスクール」「アメリカンスクール」「イギリススクール」などが代表的ですが、他にもフランス語、スペイン語、アラビア語など。多くの場合、それぞれ研修する言語によって、担当する国や地域が決まるのですが、中でも特にチャイナスクールの場合は「中国屋」と称され、日中の外交関係に大きく影響を与えてきたのです。

門田　語学閥だから当然、チャイナスクールの人間は中国の仕事だけをしたがりますよね。

山上　もちろんです。だから中国担当から外されたときに腐ってしまう傾向があるんですよ。典型は、**佐藤重和**というチャイナスクールの人物。私よりちょうど10期上で、**佐々江賢一郎**や**林景一**などと同期です。中国課長の後、人事課長までやった能吏なのですが、ちょっと小役人的な振舞いをするので、人事課長時代に**鈴木宗男**から罵倒されて、「局長になれない初めての人事課長」と言われてしまった。

門田　ほお、優秀なのに……。

山上　その後、アジア局長ではなく国際協力局長になった。ＯＤＡ担当の当時の経済協力局長です。そしてオーストラリア、タイの大使ポストにも就いた。

門田　ポストとしては悪くないですね。

山上　ところがオーストラリアでもタイでも、「もう自分は外れた」と、まったくやる気を見せなかったと評されています。オーストラリア人でいま「アンバサダー佐藤」を覚えている人なんていない。佐藤という名前のオーストラリア大使は2人いて、**佐藤行雄**という人物がいました。私より20期ぐらい上で、国連大使もやった外務省のレジェンドみたいな名物大使ですが、彼の名前は誰しも覚えている。ただ佐藤重和はあまり仕事をしなかったから、誰も覚えていない。ゴルフと麻雀ばかりやっていたと現地職員に言われるほど。

その後はタイ。本人の期待値は北京だったのですが、ところがそのときは民主党政権下で、**岡田克也**外務大臣が伊藤忠商事の**丹羽宇一郎**を中国大使に持っていってしまった。

門田　ああ、それではじかれちゃったんだ。

山上　ただ、経緯はいろいろとあるにせよ、タイだってもちろん重要な国です。むしろタイが中国になびかないように、日本のほうに引っ張るのが、チャイナスクール出身の大使としての役目だったはずです。でも彼は就任早々、いきなりタイの在留邦人の大立者がいるまえで、「自分は本来中国大使になる男だった。来たくて来たわけじゃない」という主旨の発言をしたと伝えられているのです。

門田　それ、どこかで聞いたことあるけれど、有名な話なんですか？

山上　在留邦人を統括している、要するにドンみたいな人がいて、その発言でその人を怒らせちゃったそうです。

門田　それは信じ難い話ですね。

山上　佐藤に限らず、中国スクールの人間が中国を担当したがる熱は半端じゃない。**横井裕**大使もそうです。横井は佐藤よりさらに5期ほど若いんですが、チャイナスクール出身で中国課長もつとめた。ただアジア局長になれずに外務報道官からトルコ大使になったのですが、トルコ大使に出されたときに、ほとんどやる気を見せなかったと聞きます。これはチャイナスクールの人間が中国以外の重要な国に赴任した時の共通の問題なのです。

門田　ふうーん。

山上　つまり「チャイナ一辺倒、一本足打法」なんですよ。とにかく中国関係の仕事をしたい。だから足元を見透かされて、中国からすれば、「よしよし」となるし、御しやすい。しかし、中国にきつく当たったら、中国関係のポストは回してもらえない。中国が「あいつを外せ」とクレームをつけてくるからです。結局、手なずけられることになってしまう。どっちもどっちですね。手なずけるほうの北京もあこぎだけども、手なずけられるほうも底が浅い。

しかもチャイナスクールの中には、アメリカを競争相手として捉えている感じがある。確かにニクソンショックではアメリカに出し抜かれ、天安門事件後の制裁解除も、アメリカが日本の頭越しにやってしまった。またアメリカが中国と握るんじゃないかと。その警戒感が私は強すぎる感じがするんです。

それでいま、アメリカが完全に舵を切って、中国に正面から向き合おうとしているときに、どうもまだ、その感覚が抜けきれてない。ところが、そうではなく、いま大事なのはアメリカの力、圧倒的な軍事力、情報力を日本の国益のために利用することです。

門田　そうしてこそ、中国に向き合っていけるのに、その発想に立てないんですね。

山上　外務省の中を見てみると、チャイナスクール組は基本的にアメリカを知らない。先ほど褒めた垂だってそうです。留学しただけで、在外勤務の経験がない。中国圏しか勤務しておらず、北京と香港と台北しか知らないわけです。するとアメリカ人に対して、現在の中国への対応の仕方、あるいはアメリカの力を引き出す発想が、どうしても弱くなります。英語を駆使して、アメリカ人、欧米人にいまの中国を説明することができない。

反面、外務省のアメリカ屋はアメリカから「中国、どうなっているの？」と聞かれると、「自分は中国、やったことないから」とろくに答えられない。だからせっかく日本は最前線国家でありながら、中国についての知見をうまく同志国と共有できていないのです。

したがって外務省も、アメリカと中国の両国に精通している人間を育てなければいけません。それが隔靴搔痒《かっかそうよう》の感じがしたので、だから私はオーストラリアに行っても、積極的に中国問題を語りました。私は中国専門家ではありませんが、中国課にいて、香港にいたからある程度語れるし、日本人は中国に付き合ってきたDNAがあるので、それを欧米人とシェアするだけで、彼らにとっては勉強になるんですよ。だから臆することなくやらなければいけないのですが、いまの日本の外務省、外交官には、そういう人材が少ない。それが残念ですね。

「中国語は難易度が高い」という自負心

門田　しかも、チャイナスクールは自分の領域を守ろうとしますよね。普通だと、自分が得意な分野は、わかっていない人に親切に教えてあげるのですが、中国担当の人は「君たち素人にわかるはずはないよ」といった雰囲気って出すじゃないですか。

山上　そういう雰囲気、出します、出します（笑）。チャイナスクールとロシアンスクールの人たちは露骨に出します。

門田　あれって、なぜなんですか。

山上　やはり彼らには、言葉の難易度が高いというところから来る自負心がある。実際、外務省が施す語学研修も、英語やドイツ語やフランス語、スペイン語は2年間なのに、中国語とロシア語は3年やらせてもらえます。3年のうちの、たしか1年だか2年は英語圏で、アメリカやイギリスで研修ができる。英語と中国語、あるいはロシア語と、両方ができるようにしてやろうということですね。

門田　俺たちはお前たちとは違うんだぞ、という自負心ですね。

山上　言葉の習得が難しいだけではなく、文献が豊富だということも影響しています。ロシアも中国も長い歴史があるので、習得に手間がかかる。言葉の難解さだけでいうと、例えばアラビストもそういう自負を持っていいはずですが、アラブとの外交は歴史が浅い。だから宮家邦彦などが好例ですが、「自分は中東専門家」なんて言いたがらない。「早くアラブから足抜けしたい」ので、〝自分は日米安保をよく知っている、中国について詳しい〟といったことを強調するんですよ。でも、元々中東専門家なのに、アラビア語の能力も同じアラブ専門家の**飯山陽**さんに軽んじられてしまうレベルであるのは残念な限りです。

門田　なるほど、中途半端な地域専門家になってしまった。

山上　ロシア語、中国語の場合は、言葉が難しいだけではなく、相手の図体が大きいし、歴史もあるので、〝深く勉強しているんだ〟という意味でも、プライドを持っていると思うんですよ。

門田　例えば、自分がチャイナスクールやロシアンスクール、あるいはアメリカンスクールに行きたいという希望がある場合、それは通るものなんですか。

山上　希望を出せないことはないけれど、最終的には役所が決めます。第5希望まで出せるのですが、必ずしも希望通りになるかはわからない。私はたまたま「英語」を希望して、その通りになりましたけど。

門田　やはり、そうじゃない人もたくさんいる。

山上　はい。例えば「こいつはもう英語が十分にできるから、特殊語でロシア語とか中国語をやらせてやろう」ということもあれば、「学生時代に中国語をやっているから、中国語の素養があるだろう」ということになるかもしれないし、あるいは「オールラウンドプレーヤーとして育てたいからやっぱり英語だな」とか。そのへんは個人個人で変わってきます。

門田　あれ、難解なアラビア語の場合は「何年」なんですか。

山上　アラビア語も研修期間は3年です。アラビア語の場合は、いきなり向こうの大学で勉強するのではついていけないので、多くは家庭教師をつけます。シリアの政情が安定していた頃は、シリアに留学して研修する例が多かった。シリアが、わりと正当なアラビア語を話すという風評がありました。

門田　ということは、「中国語を勉強しろ」と言われた途端に、チャイナスクールになるということ?

山上　はい。そして**秋葉剛男**《たけお》のような例外はいますが、中国課長は、基本的にチャイナスクール出身ですから。ただ私のようなアメリカンスクールの人間から言わせると、とにかく競争が甘い。私の期では25人いる中でアメリカンスクールは8人、イギリススクールは4人、例えばチャイナスクールは2人。いまは3人ぐらいでしょうか。それで中国課長というのはだいたい中国語。課長は2年間勤めるのが慣例だとすると、前後2期、4人の枠の中から抜擢される。1期に2人ですから、4分の1の確率で中国課長に昇進できるというわけです。ところがアメリカンスクール、イギリススクールは、同期でもう25分の12もおり、北米一課長や二課長になるには猛烈な競争がある。真に選別されるわけです。

もっと言うと、チャイナスクールは最初から日本外交を率いることを諦めている。というのは先ほど述べたように、チャイナスクールは外務次官を出したことがない。外務次官はアメリカンスクールとかイギリススクール、せいぜいフレンチ出身。だからチャイナスクールでは「もう中国との関係をずっとライフワークにしていくんだ」みたいな思い込みがある。でも次官にはなれないけど、逆に言うと優遇されている。25人の同期がいる中で、「中国語を勉強しろ」と、「おまえチャイナスクールだ」と言われるのは、たかだか2人か3人ですからね。

門田　そうか、次官にはなれなくても、中国課長になれる確率は高いですからね。

山上　アメリカンスクールではそんな確率で北米一課長、二課長とか安保課長にはなれないですよ。だからチャイナスクールは、私に言わせればぬるま湯なわけです。

門田　でも中国課長やロシア課長は、外務省の課長の中でも光を浴びる重要なポストの一つでしょう。

山上　だからこそ、「おまえら、甘いよ」と、私はずっと言ってきた。ぬるま湯だから鍛えられていないし、加えて、中国担当から外れるとやる気を失くしてしまう。そんな士気の低さ、なんという体たらくかと思います。

英語で中国問題を語れる人材がいない

山上　チャイナスクールに対してもっと厳しいことを言うと、例えばせっかくハーバードとか、カリフォルニア州立大学バークレー校などに1年いたにもかかわらず、英語で中国問題を説明できるチャイナスクール出身者は、片手で数えるくらいしかいないんですよ。

中国語で中国人とコミュニケーションはできるかもしれない。だけど日本の外交官にとって必要なのは、やはりアメリカとかイギリス、オーストラリア、フランス、ドイツのようなG7、G20諸国などに対して「いまの中国はこんなにひどいですよ、お気をつけあそばせ」と説明して、「だから私たちは協力していこうじゃないか」と、連携のネットワークをつくり出していくことなんですよ。ところがチャイナスクールの人間で、それができる人材は、ほとんどいない。

門田　うーん、困ったもんですねえ。

山上　したがって、例えば先ほどの横井大使なんて、私が政策企画・国際安全保障大使としてトルコに出張してスピーチした時に驚いたのですが、私がスピーチするということになって、彼が英語で私を紹介してくれた。

ところが惨憺たる有様。はっきり言って「この人、本当に外交官？」というような英語しかしゃべれない。日米安保課にいて、ワシントン大使館勤務経験者であったにもかかわらず、研鑽に努めた形跡がうかがえない。中国スクールの人間で唯一英語がまともにしゃべれたのは、**槙田邦彦**ぐらいでしょうかねえ。彼は高校時代、AFS（American Field Service）で留学していて、英語も非常にうまかった。日本の外交官には、そういう根本的問題があるんです。

「天下国家を考えて仕事すれば評価される」は幻想だった

門田　先ほど、政治家との人脈の話が出ましたが、山上さんを贔屓にする政治家は？

山上　まったく誰もいません（笑）。私はこういう人間だからしっぽ振らないし。

門田　山上さんのような人っていうのは、他にもいるわけですか。

山上　いますよ。でもそういう人物は結局、偉くなれない。私は特定の政治家にしっぽを振らないから、後ろ盾になる政治家がいなかった。だから秘書官もしたことがないんです。実は私の同期25人のうち、局長と名の付くポストに就いたのは6人います。この6人中4人は、みんな秘書官経験者です。例をあげると、**山野内勘二**現カナダ大使。彼は**鳩山由紀夫**と**菅直人**の総理秘書官でした。それから**下川眞樹太《まきた》**フランス大使は**高村《こうむら》正彦**外務大臣の秘書官。**鈴木哲《さとし》**イタリア大使。彼は**塩崎恭久《やすひさ》**官房長官の秘書官。ことほどさように、秘書官経験者でないと局長にさえなれない、そんな受け止め方が省の内外にあります。

門田　でも山上さん以外に、秘書官を経験していない人間が一人はいた？

山上　**正木靖**、いまのインドネシア大使です。気骨がある男で、フランス事情にも通じている。パリで3回勤務して、本来フランス大使になるはずの男だったんですよ。ところが同期の下川眞樹太が、フランス語が下手で、フランスについての人脈もろくにないにもかかわらず、いまはフランス大使。それは下川の後ろに高村がいて、秘書官経験者だということで優遇されている。そんなものなんですよ、いま霞が関で起きていることは……。

門田　しかしそれじゃあ、やる気がなくなっちゃう！

山上　やる気、出ないですよ（笑）。だから私、もう一回仕事選べと言われたら、絶対役人はお断わりです。私が役人になったのは、〝誰にも頭下げなくていい〟と思ったから。〝天下国家を考えて、一生懸命仕事すればきちっと評価されるんだ〟と、信じていたのに……。

門田　甘いな！（笑）。

山上　甘かった、めちゃくちゃ甘かった（笑）。でもよく自衛隊や警察の人から言われるのは、「あんた、よく潰されずに局長までできましたね」。そう、二つの局長もオーストラリア大使もやらせてもらって、そういうプラットホームがあるから、いま、こんな生意気な発言ができるわけですから。局長さえにもなっていなかったら、誰にも、相手にされないでしょう。

門田　うん、なるほど、なるほど。

山上　でも私は、この霞が関の状況を変えたいんですよ、本当は。簡単じゃないんですけれど。

外務省全体が「ケンカができない」体質に

門田　官僚は国益を最重視すべきであるのは言うまでもありません。特に外国と直に渡り合う外務官僚には当たり前だと思うのですが、現実はそうでもないんですね。

山上　そもそも「国益」なんて言葉を使うようになったのは、私の40年の外務省生活で、最後の10年ぐらいじゃないかな。

門田　え、安倍政権の時代になって初めて？

山上　そう、その前30年ぐらいは、「国益なんてこそばゆい」みたいな……。

門田　「国家」という言い方も、こそばゆいみたいな時代でしたね。

山上　外務省は「わが国」とか「国家」とかの言葉は使います。ただ「国益」とはあまり言わなかった。ましてや「愛国心」なんて、いまでも口にしない。「それは私たちが語るべきではない」みたいな、変な気取りがあるんですよね。

門田　でも例えばアメリカの民主党系の国務省の役人、彼らは国益は考えてないんですか？

山上　みんな、本心では国益を考えています。その問いをぶつければ、民主党支持者だろうと共和党支持者だろうと、日本の役人だろうと、みんな「国益を考えている」と言うと思うんですよ。ところが問題はその国益の中身。多分、日本の外務省の人間のほとんどは、「足して2で割る外交をすることが国益だ」と思っているわけです。

門田　だからとにかく〝まとめ〟たがる。「決裂」は頭にないんですね。でも決裂するほうが国益になる場合もある。それも一つの選択肢ですよね。

山上　一番いい例を挙げると、**田中均**。私が1年生だったときの北米二課長です。仕事はできましたよ。だから外務審議官まで登り詰めましたが、とにかく足して2で割る交渉に長《た》けていました。だから評判の悪かった1986年の「日米半導体取決め」で、アメリカの言い分に迎合してしまった。

門田　「外国系の半導体、日本市場でマーケットシェアを20％にするという期待値があったのに、日本は達成してない」とアメリカが制裁を口にしてきた、あのときですか。

山上　そうです。EUからは「日米の談合だ、ガット違反だ」と訴えられて負けた。さんざんな結果をもたらした取り決めの責任者が、北米二課長時代の田中均ですよ。

門田　平壌宣言の担当者も田中均ですよね。

山上　そうです。北朝鮮の**金正日**が「拉致」を認めたんだから、「拉致」という文言を平壌宣言に入れるべきでした。でも田中均はそうしなかった。「これ以上、北朝鮮を刺激すべきではない」という理屈をつけて。だからその後、北朝鮮は一度認めた「拉致」をほおっかむりしちゃった。「そんな問題はなかった」と言い張って。そう主張する材料をつくってしまったわけですよ。その田中均が国会に呼びつけられたときに「大義」と言い続けた。「自分には自分の大義がある。日本は戦争できない国なんだから、もう外交で譲ってでもまとめなきゃいけない」と。おそらく「まとめてなんぼだ」みたいな強迫観念があったんでしょう。それを強烈に批判したのが**齋木昭隆**でした。

門田　本当に困ったもんです。

山上　よく私、いろんなメディアの人に言ってきたことなのですが、外務省というのは日本社会の縮図なんです。朝日新聞の子弟もいれば、毎日もいるし、産経もいる世界。共産党の影響を受けたのもいれば、もっと多いのは信濃町の創価学会。自民党支持者ばかりじゃないんです。一方で、背負っているものが明らかな人もいます。例えば在日二世などで、だから「朝鮮半島統一を実現するために外務省に入りました」と、メディアのインタビューで堂々と語ってしまったりする。これが外務省の実態です。

門田　だから山上さんは、「よくあなたみたいのが外務省にいましたね」なんて言われるんですね（笑）。

山上　ただ「その受け止め方がいかんのですよ」と反論しています。「私みたいなのがいなくなったら、外務省は左翼反日勢力の牙城になりますよ」って。チャイナスクールというのはその典型です。「中国とうまくやっていく、それが自分たちの使命だ」と思い込んできた。しかし、中国がここまで「戦狼外交」を展開していて、ようやくチャイナスクールの若い連中の目が覚めてきた。いまの課長クラスなどは、彼らが1年生のとき私も中国課で指導したせいもあって、相当しっかりした考えを持っていますよ。

ところが、相変わらずダメなのは外務省幹部。前次官の**岡野正敬**もだらしなかったけど、その前の森健良。森の最大の失敗は2022年8月に、中国からミサイルを撃ち込まれたときですよ。アメリカのペロシ下院議長の台湾訪問に怒った中国が、台湾周辺で猛烈な軍事演習を行ったとき、弾道ミサイルを5発も撃ち込んできた。与那国島からわずか80キロの日本の排他的経済水域（ＥＥＺ）です。周辺住民や漁民にとって危険極まりない行為なのに、森は中国大使を呼びつけて抗議すべきところ、電話一本で済ませちゃった。これはチャイナスクールではなく、森の責任です。だから、より重症なんです。チャイナスクールの、中国にもみ手していたような連中が対応をしたのなら、まだ理解できますが、本来ドイツスクールで中国とガチンコでやるべき連中も、喧嘩できなくなっている。

門田　省全体が「喧嘩ができない」って、深刻な事態ですね。とにかく、ことを荒立てないように動く……。

山上　それはやはり岸田と石破の責任もあると思いますよ。「とことん、やってこい、喧嘩してこい」といって送り出すわけじゃないから。彼らは絶対、「ことを荒立てるな、うまくやってくれ、習近平の訪日を実現したいんだよ」という方向で動いていることは間違いない。その意向を受けて、あるいは忖度して、森も岡野もここ数年来、習近平訪日で動いてきたのは明らかです。日本外交がどんどん、どんどん骨抜きになってしまっているのです。

台湾からの希望は〝塩漬け〟

山上　もう一つ、チャイナスクールの問題でおもしろい話があります。私が中国課に配属されてからわかった彼らの仕事の仕方なのですが、やばい問題、要するに自分が決裁したくない問題が起きたときに塩漬けにする癖があるんですよ。先ほど挙げた佐藤重和が課長のときに、例えば、「台湾立法会の**王金平**議長が来日したいので入国ビザを要求していま す」と要請がありました。佐藤重和は決裁の権限を持っています。台湾人が日本に来てはいけないなんてことはない。**李登輝**元総統も来日したように、立法府や行政府でも元職の人間なら中国がこだわる「一つの中国」に照らしてもまったく問題ない。「政府の人間とは会わない」などの条件が課されることもありますが、訪日がただちにノーということはなく、事情を勘案して決められるのです。しかしこの佐藤中国課長はまったく決裁しようとせず、塩漬けにしたまま。「課長、あの件、どうなりましたか」と聞くと「うーん、ちょっといろいろ考えることあるから」。時間をかけて、そのうちに台湾側がしびれを切らして、ビザ申請を取り下げるのを待っていたのです。

門田　なるほど、なかなか日本外務省から下りないな、今回はダメなのか……と。

山上　だから、自分たちが決裁した形にしないのです。イエスともノーとも言わない。あうんの呼吸というか、佐藤重和としては相手側のメンツを保ったつもりなのかもしれないけれど、台湾の立場に立てばこんな非礼なことはない。ずるいでしょ、官僚の仕事の仕方としても。

門田 ほっぽらかしじゃないですか。

山上 判断を下さない、つまり責任回避ですよね。逃げる……。

門田 それはその人個人の問題ではなくて？

山上 他の部局では見たことがない。中国課でも単に仕事の遅い人がいて、インボックスに決裁待ちの書類が溜まってしまうことはありますが、このケースはそうではない。そういう台湾関係の書類だけは意図的に決裁しようとしない。

門田 それは「おまえ、こんな決裁したのか」と、中国ににらまれるのがイヤだからですよね。

山上 それもあるでしょう。中国を刺激したくない、自分が責任者として中国の矢面に立ちたくないという意識は、当然ある。ただ台湾から見たら、こんなに日本人の誠意を失墜させ〝誠実な日本人〟のイメージを打ち壊すものはない。だから**李登輝**があるとき、「こそこそやりやがって」と痛罵したほどです。「外務省の人間って、ねずみほどのガッツもない」と、罵ったことがあるんです。ネットでも見られると思います。背景にはこんな実態があったのです。

門田　李登輝さん自身がビザを下ろしてもらえなくて大変なときでしたね。それが結局、**森喜朗**の耳に入って「なに⁉」ということになって、すぐに発給された。

山上　李登輝はそういうからくりを知ってるからこそ、「何やってんだ、日本外務省！」と怒ったと、私は解釈しているんです。

門田　問題は、中国に対するそのビビりようですね。「自分が中国課長の時代には、決して台湾問題で中国を激怒させるようなことがあってはならない」と保身のために必死なんです。しかし、それは日本国民に対する奉仕者ではなく、中国共産党への奉仕者であることを証明しています。あまりに情けない。私の場合でも、台湾関係のことで外務省に申請して、通ることなんかない。やはり塩漬けにされたのか……。

山上　そういうことなんですよ（笑）。本当、カルチャーショックでした。要するに大事な問題であるほど、課長は書類を読むだけではなく、担当官から直接説明を聞いて、それで決裁するというのが外務省の仕方でした。でもそれを無視した人間が中国課長で、人事課長にまで抜擢された。啞然とするほかないですね。

門田　確かに、「お前たちは、どこの国の官僚なんだ」と怒鳴りつけたくなるようなことを平気で言いますからねえ。中国人に対するビザ発給問題でも、岩屋外相が「ビザ緩和10年」を打ち出したとき、辞表を胸に岩屋を止める人間はいなかったのか。

山上　本当に情けないですよね。当時次官だった岡野正敬は事務処理に長けた能吏である一方、典型的な二枚舌で、少なからずの先輩から蛇蝎《だかつ》のごとく嫌われている人間だったのですが、岸田には評価されて、それで次官に昇進しました。次官の後は国家安全保障局長になりましたが、異動に当たって碌《ろく》に所信を表明することもなく対外発信という重要な責務からは逃げるばっかり。説明責任を負わないようなこんな体たらくを招いた元凶は2代前の森健良次官であり、それから岡野。彼らの責任が重いのは間違いないです。財界関係者からは、次官が代わったことさえ知らなかったと言われてしまっています。「おまえらこんな外交をするために外務省の門を叩いたのか」って、面と向かって言いたいですよ。

第4章

中国のハンドリングをどこで間違ったか

中国の法律事務所顧問になった日本の「元中国大使」

門田　しかし、中国におもねる病理は、省内をどこまで侵しているんですか。

山上　実に幅広くて深いですよ。例えばチャイナスクール出身の**宮本雄二**元中国大使などは、BSフジの番組で「習近平はとんでもない」と語ります。でも習近平だけですか？　中国共産党のシステムが習近平をつくり上げたのではないかという、そのところの冷徹な分析がない。習近平個人の資質のせいにしておきたいという意向が垣間見えます。**江沢民**の反日教育を批判したときも彼個人のせいにした。そういう力学で、ものを見ようとしたがる。

門田　とにかく、外務省というのは常に中国側の〝言い訳〟をする役所ですよね。外務省が中国の代弁者のようになって、日本国民やマスコミを押さえ込むために必死に動くっていうのが、パターンになっている。世界各国が中国への渡航情報で危険度を上げているのに、日本の外務省だけは中国が怖くて未だに上げられない。情けないですよ。

山上　少し次元の違う話ですが、「え？　ついにここまで来たか」というびっくりするような話があります。垂の前任の中国大使だった**横井裕**《ゆたか》が、中国べったりのご褒美というか、退官した後、なんと中国の法律事務所の特別顧問になったのです。ネットでも公開されています。中国ではなく、日本にいるらしいんですが、それにしても、やはりこれは異様だとしかいいようがない。彼の同期の間でも話題になっています。

門田　中国大使経験者が、中国の法律事務所の顧問なんて、まさに売国行為。たしかに調べてみると「北京市安理律師事務所特別顧問」になっていますね。

山上　いままでの歴代中国大使、例えば**阿南惟茂**は新日鉄の顧問、**木寺昌人**《きでらまさと》は丸紅の顧問、最近であれば**垂秀夫**が立命館の教授。みんな日本の企業や組織で顧問などになるのが通例なのですが、こともあろうに中国の法律事務所特別顧問とは、開いた口が塞がらない。

　また、タイの大使をやっていた**梨田和也**という私の同期も、なんといま、タイの財閥の顧問になってバンコクにいるそうです。コロナのときにバンコクの歓楽街で遊んでコロナに感染してしまった超「脇甘」で、〝うっかり八兵衛〟そのものなんですが、在バンコクの日本企業の間には、今まで自分たちの味方だと思っていた大使がライバル方に移ってしまったと慨嘆する声もあるそうです。

　友好国たるタイはまだしも、現下の日中関係でありながら、日本企業のではなく中国側の顧問になるなんて、世も末だなと思うんです。その辺はいままでどのメディアも書いていない。

門田　意外にどころか、これは知られていないですね。そこまでひどいですか……。一方で、今度、台湾の行政院(内閣)が自衛隊制服組トップの**岩崎茂**元統合幕僚長を政務顧問に任命しましたよね。岩崎氏は航空自衛隊の出身で、航空幕僚長を経て、統合幕僚長に上り詰めた。旧軍でいえば「元帥」ですよ。台湾有事を起こさせないために、日本の自衛隊も必死です。しかし、外務省は逆で、元大使が中国のために働くんですね。唖然とします。

横井の場合は、政府系の法律事務所なんですか？

山上　政府系かどうか……中国には非政府系なんてないですからね、民間法律事務所なんて存在しない。だけど、大使をやった人間が、日本企業の対中進出を助けるんなら、ともかくね。

門田　本当にすごいことです。日本側の顧問だったら、中国とかタイはこう考えているから、「ここをこうすればいい」と日本側をサポートできますが、相手側になってしまったら、〝どうやったら、日本をうまく出し抜くことができるか〟を「外務官僚が中国に教える」ことになるわけです。とても考えられません。恥を知れ、と言いたいですね。

山上　一番怒っているのは日本企業でしょう。本来、私たちの味方だと思っていたのが、今度はライバルを助けている。外務省の姿勢にさえ疑念が持たれる。

門田　外務省の規則として、問題はないんですか？　退官後、日本の不利益になることはしてはいけないといった……。

山上　届け出の対象にはなるんです。私も再就職となると、辞めてから2年以内は、どんな職業に就くにも届け出なければならない。公務員一般の倫理規定が当てはまるので、例えば利害関係がある企業には行けない。監督官庁の退職者は、監督されている企業には行けず、届け出だけではなく許可を得なきゃいけない。でも外交官の場合は、例えば経産省や財務省の役人とかと違って特定の業界を監督しているわけではないので、そういう意味ではほとんど利害関係に当たることはない。ですので、届け出だけで済んでしまう。私もいま日本の法律事務所の顧問と笹川平和財団の上席フェローなどをつとめていて、4月から同志社大学で教鞭をとります。でも届け出だけ。タイの梨田大使も中国の横井大使も、多分届け出だけで済んだのでしょう。ただ外国企業、しかも隣国の企業、特に中国のようなところだと、もっと厳しい指導があってしかるべきだと思いますが、いまの外務省ではお構いなし。多分、林芳正なんか前外務大臣としても、「いいじゃないか」って言うんでしょうね。

門田　ただ、ついこの前まで味方だったはずの人間が相手側に回ってしまうのは……。

山上　倫理上許されませんよね。国民感情からしたら、「え？」って思うはずです。こんな例はチャイナスクールでも多分初めてだと思います。

「南京大虐殺」を認めた功績で中国大使？

門田　この横井氏は「南京大虐殺発言」、つまり南京大虐殺を認めてしまった人ですよね。

山上　垂大使の前任者、つまり先々代の中国大使ですが、それに就任する前に外務報道官、スポークスマンのポストにいました。そのときに、南京云々が問題になった。

門田　2012年に名古屋市長だった**河村たかし**さんが「南京大虐殺問題はなかった」と発言して、喧々囂々《けんけんごうごう》の議論になったときです。外務省の報道官として、「（南京大虐殺は）あったと言わざるを得ない」として中国側を大喜びさせたのが横井氏ですよね。

山上　外務省はそれまで、一度もそんなこと言ったことないのに、報道官としてはありえない発言です。横井さんのことを検索すると、必ずその新聞記事が出てきます。要するに、

「河村発言はひどい」と。しかし、河村発言について尋ねられた記者会見で「南京大虐殺」という言葉を使い、「非戦闘員の殺害、略奪行為等があったことは否定できない」などと文脈をわきまえずに報道官が発言したら、外務省が正式に認めたと同じこと。それは中国にとってはうれしい。実際、在京の中国大使館は「外務報道官が南京大虐殺を否定しなかった」としてこの発言を最大限に利用したのです。中国としては「この人を出世させてくれ」という気持ちになって、非公式に要請したとしても驚きではありません。

門田　中国と日本の外務省にとって「南京虐殺」はNGワードですが、この事実はなかったということは、物理的にも明らかです。中国は30万人が虐殺されたと主張していますが、私は実際に、ほぼ季節が同じ時期（12月）に南京まで行って調査をしたことがあります。南京の住民の多くは日本軍が近づいてくる段階で、南京を脱出しているし、残った住人も、指定された安全区に避難している。そこに虐殺できる住民がいたんですか？　と根本的な疑問があります。そのうえこの時期は、寒さが非常に厳しく、南京の土は凍っている。どこにそんな大量の遺体を埋めたのか。骨はどこにあるのですか、ということなんです。

また日本の左翼マスコミが、このときに南京の北方にある幕府山の麓で起こった捕虜殺害事件（幕府山事件）と架空の南京虐殺事件を混同して報じているのも問題ですね。いずれにしても、南京市民が大量に殺害されたという事実は物理的にあり得ません。

山上　もっと言えばね、あんな卑怯な戦い方をした連中は中国軍以外にいない。それを指摘すべきですよ。だって南京は当時の中華民国の首都だった。その首都を守る唐生智司令官が降伏勧告に応じることもなく兵卒を置き去りにして真っ先に逃げ出してしまう。

門田　それで中国軍は大混乱に陥って、兵卒はもう軍服を脱ぎ捨てて安全区に逃げ込む。それで〝便衣兵狩り〟が起こる。

山上　軍人のイロハさえわきまえてないことは、国際的に見ても恥ずかしいことなんですよ。それを恥とも思わない。プロパガンダの為に意図的に大混乱を引き起こしたという見方も可能でしょう。

門田　そこをきちんと指摘すべきなんですよね。しかし、外務省には、それを説明できる知識と気概を持った外交官はいない。余計なことを言って、中国に睨まれたら出世の道が閉ざされますからね。それどころか、元大使が退官してから北京の弁護士事務所に雇われるという組織ですよ。親中官僚は何でも許されるわけです。あり得ないですね。

山上　そういうことをするから、後輩の垂が苦労するわけですよ。垂はチャイナスクールの人間としては、「中国に申すべきは申していこう」という姿勢を前面に出した、おそらく初めての人間だと思います。ところが前任者が、そんなふうに中国に取り込まれて、しかも中国関連ビジネスまでしている。中国側から見れば「垂は例外なんだ、垂は潰してやれ」。あるいは「垂を替えれば、またもとに戻るんじゃないか」と思うのは理の当然。逆に言うと、横井は自らの行ないによって、垂の足を引っ張っちゃったわけですよ、

門田　毅然と中国に対応したいという外務官僚たちもいると思うんですよ。でもこんな前例を見ると、やって得することはないし、と考えてしまう。足を引っ張られるだけだから。

山上　その中でも垂大使は、よくがんばったほうですよ。垂の後任の金杉は中国に言うべきことを言わないし、中華料理三昧の生活をＳＮＳで発信しては広報していると思い込んでいるような、おめでたい外交官です。

門田　だから垂さんを「普通に」していかなくちゃいけないのに、外務省の組織としては、そうならない……外から見ていても実に腹立たしい。

「愛人つき」の噂は尽きない

門田　中国からすれば横井さんは当然、「これは愛い奴だ」ということになりますよね。相

当、いい目をさせてもらっているでしょうね。

山上　そうでしょうね（笑）。横井の場合、中国に赴く際にはどうせ家族は一緒ではないでしょうから、単身で北京なり上海生活。さすが、女性があてがわれたりはしていないでしょうが。でも結局、骨抜きにはされてしまう。嘆かわしいことです。

門田　報道機関の北京支局で働く通訳やコーディネーターは、すべて北京市公安局から派遣されてきますから、特派員の愛人関係など、すべて公安に筒抜けですよ。よく、どこそこの支局長には、現地妻がいるとか、いないとか、いろいろ噂が立ちますが、すべて知られています。

山上　現地妻ですか、それは十分に考えられますね。中国にはそういう風習が根強いのか、例えば香港のビジネスマンなんかでもね、中国大陸、深圳などでビジネスすると、そこに現地妻をつくるそうです。香港に正妻がいながら、中国の広州とか深圳に現地妻がいるといった図柄をよく見てきました。

門田　それは当然、正妻のほうには？

山上　正妻は薄々わかっているでしょうけど……。もしかしたら、正妻もつばめがいるのかもしれないし（笑）。

門田　なるほど、なるほど（笑）。中国の「千人計画」などで招聘されて、日本の大学教授などが海を渡ります。ミニスカートのうら若き美女が、必ず秘書としてついているのは有名です。その事務所で仕事をするわけです。だから「千人計画」で招かれた先生方は、「青春を取り戻す」わけです。山上さんもどうですか？　もう一度（笑）。

山上　でもね、私なんかが青春を取り戻そうと邪《よこしま》な心を抱くと、身の破滅です（笑）。あの人たちは日本人よりはるかに自分の本能というか、欲望に忠実な人たちで、金銭欲、食欲、性欲にあけすけですからね。日本人のように取り繕うということをしない（笑）。即物的だとも言えますね。それから目の前の利益をすぐ求める。中長期よりも現在……。

門田　なるほど。やっぱり中華民族の長いDNAなんですかね。

山上　それはありますね。それから例えばスポーツなんかだと、基本的に団体競技は弱いでしょ。野球、サッカー、ラグビー然り。中国が世界レベルで競っている団体競技は、背丈を生かしたバスケットくらいじゃないですか。サッカーは「強くなる、強くなる」とここ10年、20年、言われ続けてもまったく強くなれない。

門田　なるほど。やっぱり「自分が、自分が」という国なんですね。

山上　そう思います。だから基本的に個人競技が得意。体操、ピンポン、水泳、そして高飛び込み。

門田　14億人からピックアップして、小さいうちから英才教育を施す。

山上　それから「何をもって恥ずかしいと思うか」、首を傾げることもあります。お風呂に入るとき「人前で裸になることは恥ずかしい」とか言いながら、例えば女性でも、トイレのドアも閉めずに用を足したりとか。そのあたりの奥ゆかしさなんて、全然ないですものね。日本のトイレに備わっている「音消し」など、およそ理解できないでしょう。

門田　それで、中国に留学してきたチャイナスクールの人間に対して、昔は露骨な接待とか、便宜供与などがあったと聞きます。でも、中国関係の部署を経験したOBたちは、「いまはそんなことはない」と否定しています。

山上　う〜ん、どうでしょうねぇ。かつては、日本ではモテない男が中国に行くと生き生きしていたことは確かでしょう。

門田　当時はともかく、いまはどうなのかなぁ。私が人民服姿で中国各地をウロウロしていたときは、日中関係が良好だったから、逮捕されたりしても大丈夫だと、たかをくくっていた。でも90年代から険悪になってきて、とてもそんなことができなくなりました。

山上　真逆のような様相になりましたね。ハニートラップの横行は盛んに言われていますから、若い人の気質なんか見ると、多分、近づかない。あえてリスクを冒してまで、現地の人間と男女の付き合いをする人間は少ないんじゃないかな。ただその反面、対女性ではないけど、情報源にはあえて飛び込んで行ってほしいという気持ちもあるんですよね。せっかく現地の内情を知ることができるのだったら……。慎重すぎると、それで仕事ができるのかなと、かえって危うさを感じます。〝痛し痒し〟というところです。

中国の〝接待漬け〟に籠絡される

門田　外務省の人たちを見ていて感じるのですが、そういう意味では中国は旧ソ連、ロシア以上に手強《てごわ》い。

山上　**マルコ・ルビオ**が言ったように、「いままで一番手強い相手」。そうアメリカでさえ言い始めているのに、なぜか日本の中国関係者は、まだ能天気。いくつか具体例を挙げると、とにかく中国に行ったときに、日本人は酒を飲んで、カラオケに行こうとします。

門田　確かにそうですね。接待の一つになっている。

山上　完璧に〝そういう世界〟です。女性が待っていて、ことに及んで、証拠写真を撮られてしまう。典型的なハニートラップです。上海総領事館の通信担当官は「かぐや姫」という店でやられましたよね。

門田　自殺してしまった彼ですね。

山上　そうです。私が「あぁ〜！」と目が覚める思いをしたのは、中国課首席事務官のときに日本側の調査団の団長として、遺棄化学兵器の回収事業で旧満洲に行ったんです。牡丹江とかの僻地。

門田　実は私は、その先の綏芬河《すいふんが》まで行ったことがあります。牡丹江からソ満国境の綏芬河まで、私は旅行許可をもらって、人民服で行きましたよ。そうしたら「日本人は戦後初めて来た」と。本来は日本人が足を踏み入れてはいけない地でしたね。

山上　日本人からすると、綏芬河も牡丹江もはっきり言ってド田舎です。牡丹江のホテルなんて、いまでもよく覚えていますが、蛇口をひねると茶色いぬるま湯しか出てこないんです。そんなシャワーを浴びながら、遺棄化学兵器の分別調査作業を続けました。一つひとつ測って、これはロシアのものでなく旧日本軍のものか、だったら日本が処理しなければならないという形で分別作業をやっていきました。

そして、ようやくひと段落ついたので、最後の日の夜、打ち上げだということになった。

我々遺棄化学兵器調査団が泊まったそのホテルにも、カラオケがあるので、監視していた中国外交部の日本課の人間と一緒に、カラオケに行こうじゃないかということになりました。中に入ると、個室に分かれている。彼らは日本語ペラペラなので、一緒に歌うのもいいかと思ったのですが、彼らは頑として行こうとしない。そこがいかに危ない場所か、知っているんですよ。そんなところに近づけないというわけです。

それで、我々だけで行ったら、あんな牡丹江のド田舎に、私が「牡丹江のナオミ・キャンベル」と名付けたすごい別嬪がいたんです（笑）。

門田　それはすごい（笑）。

山上　仲間はそれとねんごろになっちゃってチークダンスを踊りましたが、それ以上には進むのは阻止した。中国人はこういうとこに近づいたら、自分の身の破滅を招くと本能的にわかっている。しかし多くの日本人は鼻の下を長くして、「おお、中国の小姐《シャオジェ》、かわいいな」とか言って、それでコトに及んだら、写真を撮られて一巻の終わり。その構図が、いまのいままで続いていています。

ちなみに「ファイブ・アイズ」の国の政府の人間は、中国大陸に出張に行くとき、ハニートラップに警戒するだけでなく、スマホとPCは持ち込まないのが絶対の原則なんですよ。

門田　米・英、カナダ、オーストラリア、ニュージーランドなどアングロサクソン系英語圏5カ国の機密情報共有枠組みのことですね。彼らの警戒感はすごいですよね。

山上　そうです。彼らがスマホやPCを持ち込むと、内部の情報を全部抜き取られてしまうし、マルウェアを埋め込まれて、その後のコミュニケーションも把握されてしまう。強い警戒感を持っていて出張時だけのレンタルで対応するのです。でも日本政府ではそれが守られていないと思う。カラオケに対する対応もそうだし、スマホやPCの扱いでも、日本はのんき過ぎるんです。

張り巡らされるハニートラップ網

門田　多くの場合、そういう店は公安が経営している。一番有名なのは先ほどの上海の総領事館通信担当者が〝はめられた〟舞台の「かぐや姫」。

山上　有名な店ですね。

門田　個室に入ったら、美女が次々入ってきますから、気に入った子を指名するパターンです。上海の駐在員も、日本から来た客に大抵「カラオケに連れていけ」と言われるから、

「かぐや姫」は一番の馴染みの店。「やむなく連れて行きますが、公安が経営していることを伝えたうえで案内します」と言っていました。事前に警告してからでないと、日本人はそのあたりが疎《うと》いですからね、と(笑)。

山上　そういうところにいる女の子は、スタイルも抜群だし、きれいに見える。それで「どのホテルの何号室に泊まっているの？　今晩、行っていい？」なんて甘い言葉をささやかれる。東京ではそんなうれしい目に会えない、うぶな日本人は舞い上がってしまって、それでパチリ。そうして落とされていく。

たぶん政治家も、何とか訪中団などで行ったとき、同じような手口でやられている。だから、企業も政府もそういう教育、研修をしないといけません。

門田　特に北京の中南海にある釣魚台賓館に泊まる場合は、最も注意が必要ですね。外に出られないし、外から誰も入って来られないので、ここにはもう公務員の工作員しか来ませんから。もちろん、飛びっきりの美人です。

山上　「いや、いい目見ちゃった～」となったら、すぐ破滅が待っています。

門田　これに関しては、安倍さんの逸話がある。安倍さんはよくわかっているから、もう絶対に誘いに乗らない。すると向こうが、男が好みだと誤解して、あるとき、部屋に入ったらイケメンが揃って立っていたという。「あ！　勘違いされてる」（笑）。

門田　そういうことだったんですか。すごい（笑）。

山上　そのぐらい全員、引っ掛かるということですから。いや、恐ろしい。恐ろしい。

外務省全体にはびこる「中国擁護論」

山上　話を戻しますが、でも横井大使の場合、なんで法律事務所なのか？　法学部出身でもないのに。

門田　え！　法学部出じゃないんですか？

山上　東大の教養学科でしょ。だから外務省時代は国際法とはおよそ縁がない。そのために国際法局（旧条約局）にも勤務していない。ひたすら中国専門家なわけで、時どきワシントンの大使館で経済公使をやったりとか、東京で安保関係に携わったり、アメリカ関係は少しかじりましたが、基本は中国一本で来た人。だから想像だけど、やはり一本釣りに掛かったのかな、と。

門田　中国にとっては、法律の知識とか素養はまったく関係ない。ただ、中国の役に立てばいいわけですからね。露骨すぎて笑えます。

山上　全くの想像ですけどね。横井に関してはもう一つ、忘れられない経験があります。数年前に日本人の名だたる中国学者を連れて、中国側のシンクタンクとの意見交換のために北京に出張することがあったんです。当時の大使が横井で、一応、大使を表敬訪問しようと挨拶に行ったわけです。そうしたら日本国際問題研究所の**高木誠一郎**氏とか錚々たる中国専門家の前で、「いかに中国がすばらしいか。空港に着いて車に乗って、高速道路で北京の街並みまで来るのは、羽田や成田よりはるかにりっぱだ」などと、中国礼讃が始まったんです。いかに中国が豊かで素晴らしい国になったかとね。すると聞いている日本の中国専門家が完全に白けてしまって、「大使、そんなこと言っても、この光化学スモッグ、大気汚染、どうにかなりませんかね」と、強烈な嫌味を返した。

門田　興味深いですね。それ何年のことですか?

山上　私が国問研にいたときだから、2016年ぐらいですね。その日の夕食を内輪で摂っているとき、「チャイナスクールって、あんなひどいんですかね」と皆さん、呆れる。私はまだ外務省から出向していた身だから、横井という先輩を守ってやらなきゃいけないと思って、「いや、中国当局に盗聴されていると思って発言したんでしょう」と(笑)。

門田　ナイスカバー（笑）。

山上　でも皆さん、まったく納得していなかった。こんな過剰な中国礼賛。見え見えの「媚中」ですね。日本の中国専門家の中にも鼻白んでる人たちがいるのです。

「中国とうまくやろう」という保身

門田　中国と戦っているある国会議員がいて、その人と話していると、「ほとんどの官僚は中国の意向と反対に動きだすと、すぐ政治マターで上から跳ね返ってくる。だから戦おうにも戦えないんです」と話していました。それが何度も繰り返されるので、最初から「いくらがんばっても通らない」と、諦めが先に立ってしまう、と。つまり、圧力は「政治家から来る」わけです。

山上　やっぱり政治が問題ですね。だからある意味で、横井大使なども心底媚中派というよりも、役回りとして仕方なく演じているきらいもあるのかな。中国を専門にしているので、中国とうまくやらないと飯を食っていけないだけでなく、偉くなれない、責任あるポジションに就けない。あるいは、中国に対してそういうふうに守ってやらなきゃいけない、橋渡ししてやらなきゃいけないという、弱い存在だったときの中国のイメージがいまなお残っているとか。

門田　中国は完全に変わってしまったのに、そのことは無視するわけですね。しかし、中国を弁護する立場に回るのが自分の役回りなんて、どんな理屈を並べても成り立たないですけどね。

山上　私は『日本外交の劣化　再生への道』（文藝春秋）にも書いたのですが、横井の1期下の中国スクールに**堀之内秀久**という人がいまして、横井に続いて中国課長をやったんですよ。私が若いときにガチンコでぶつかった相手。私は当時、北米二課長だったのですが、その本の中にその一幕がありますが「中国のために仕事をするのが中国課長なんだ」と言ったのは堀之内なんです。あの本では気の毒だなと思って名前は伏せましたが、横井の話とまさに符合して、堀之内もあたかも親中派、中国の弁護者を役回りとして演じていたんですよ。これが外務省のチャイナスクールの最大の問題ですね。そこからまだ抜け切れていない。宮本雄二大使にもそういう節がありますよね。先ほど述べたように、BSフジの番組でも結局、中国の弁護に終始しているだけ。懸案の鎮静化に躍起となっている印象が残ります。

門田　これまで宮本さんには違うイメージを持っていましたけれど、「あ！　やはり中国擁護派なんだ」という認識になりました。

山上　最近の問題は、チャイナスクールの外にこの病気が伝播している点です。チャイナスクールでさえないのに、中国にもの申せない。変に忖度する輩が続出して、その典型が森健良です。だからミサイルをぶち込まれても文句一つ言えず、電話での抗議で済ませてしまった。外務省全体にそういう空気がはびこっていることが問題ですね。

「中国人はメンツを大事にするから追い詰めちゃいけない」

門田　しかし、中国共産党がいまウイグルやチベット、南モンゴルでやっている弾圧、人権侵害がどういうものか、そしてこれが日本に拡大したら、日本民族はどうなるのか、それがわかってきた。「それでも、中国と手を携えてやっていくべきだ」という人が多いことが不思議でなりません。

山上　いや、ほんと不思議です。

門田　そうなんです。私は、1982年頃から毎年のように中国に行っていましたが、中国のあの公安官の目が冷たいこと。もし、捕まれば拷問死だなと思うくらい。ゾッとします。

山上　まさしくそうそう。

門田　人民はそれを恐れている。当時は台湾のほうでも国民党特務による弾圧が激しかったのですが、中国の弾圧、人権侵害はケタ違いだなあと感じていました。

山上　その通りです。私が日本外交で一番弱いのは、やはり中国の人権蹂躙に対する批判だと思うんです。正直に言って、日本は自由主義陣営の中では最も弱腰。オーストラリアにも**ペニー・ウォン**という中国系の外務大臣がいて、中国には強いことは言わない。左の左という思想軸で、日本の政治家でいえば、**福島瑞穂**、**蓮舫**、**辻元清美**を足して3で割ったような人物。それでもやはり、チベットやウイグルへの人権問題には言及する。でも日本外交は中国の人権蹂躙には口出ししない。

門田　そこが問題です。

山上　その延長になるかもしれないけれど、中国で日本人が不当に拘束されても、大使が領事面会に行くことさえ外務本省が止めてしまうんです。垂大使がスパイ容疑で拘束されたアステラス製薬の人に会いに行こうとしたら、森健良が止めた。だから垂は最後に「離任挨拶だ」という理由で、自らの判断で行った、本省の許可を得ずに。知る人ぞ知る話です。先ほども述べたように、これは外務官僚のEQの低さが問題なんです。

門田　EQ、つまり心の知能指数……思いやりや共感がまったく足りない。

山上　そうですね。だから人権が蹂躙されている人に寄り添おうとしない、守ろうとしない。北朝鮮による拉致被害者に対しても、同じ構図でした。自分の子供がこんな目にあったら、親は泣き叫ぶ。そんな問題に直面しても、あたかも馬耳東風のような対応をしてしまう。これは日本の多くの外務官僚の最大の欠陥です。

門田　そのとおりです。親中・媚中の人たちは、例えば中国共産党の人権問題には、完全にほお被りしてしまうわけです。

山上　みんな理屈ではわかっている。ただ、ほお被りしてしまう。そのときの外務省での議論は、「中国を追い詰めちゃいかん」というもの。天安門事件のときも「西側制裁ということで追い詰めちゃいかん」というのがあったでしょ。このときに必ずチャイナスクールの人間が言うのは、「中国人はメンツを大事にするから」という理屈です。「メンツを大事にするから公の場で非難しちゃいけないんだ」と。

門田　愚かすぎます。どうしてそこまで……。

山上　この議論がまったく一方的だと思うのは、メンツっていうのは日本側にもあるということ。それを忘れているわけ。

門田　日本のメンツなんて、中国にいつもぐちゃぐちゃにされている。それでも、中国には逆らえない。ここまでやられて。そのうえ、2022年8月には、ペロシ米下院議長の台湾訪問に反発した軍事演習で、日本の排他的経済水域（EEZ）内に5発もミサイルを撃ち込んできた。それでも、外務省は中国大使を外務省に呼びつけて抗議することもできなかった。だから私は、日本の外務省は、「中国外交部の霞が関出張所」と言っているんです。

天安門事件で泣いた外交官

山上　少し脱線しますが、絶対言っておきたいのは、天安門事件のときに、チャイナスクールで泣いた外交官がいるという逸話です。「学生が殺されている」ということではなく、「あの中国共産党の人民解放軍が人民に対して発砲しているということが信じられない」と。

門田　泣く対象が違うような気がしますが……。

山上　当時の北京の大使館員で、天安門に取材に行っていた**佐藤重和**、先ほども挙げた、のちの中国課長です。彼、天安門で発砲を目撃して、「人民を守るはずの人民解放軍が人民に発砲した」という事実が信じられないと、涙ながらに携帯電話で報告したと伝えられています。チャイナスクールの間でも驚かれて語られてきました。超ナイーブというか、この甘さ、どこまでお人よしなのか。

門田　人民解放軍は共産党の軍隊であって、国、すなわち人民の軍隊ではありませんよ。党に忠誠を誓う組織ですから、党の命令なら人民に銃を向けるのは、当たり前です。しかも人民解放軍や公安部は、すでにものすごい人権弾圧を人民に対して行っている。チベットでもウイグルでも、どんなことが行なわれているかを見れば、わかりますよ。

山上　歴史のイフのような話になってしまいますが、あの後、世界は激動の中にあって、ベルリンの壁が崩壊し、旧ソ連は解体され、共産主義陣営が崩壊した。天安門事件で、中国共産党も存立の危機にあったわけです。そのときに、なんで日本政府の中で「この機に共産党政権を潰してしまえ」という人たちが出なかったのか。場合によっては相手を出し抜く、日本に不利益なものを潰していくという発想がないとダメでしょ。でも外務省の人間は、味方であろうと敵であろうと、目の前の人間と手を握ろうとする。いわば冷徹な発想ができない。チャイナスクールの典型ですよね。

門田　「中国を追い詰めちゃいけない」と、中国共産党の存命に力を貸しました。将来まで見通せば、日本民族を窮地に陥れる、許されざる大失敗でした。

山上　あのときのチャイナスクールの責任者に問いたい。「あなたは歴史の検証に照らして恥ずべき仕事をしたんじゃないか」と。

天安門事件こそ中国民主化のチャンスだった

門田　山上さんは「潰す」という言葉を口にしたけれど、誤解を受けるかもしれないので、ちょっと言い換えると、中国共産党の独裁支配を、やり方次第で少しでも民主的な方向に変えるチャンスがあったわけですよね。

山上　そうです、あのときが民主化のチャンスだった。

門田　民主化への希望が芽生えたのは、先にも述べたように改革派である**胡耀邦**元総書記の登場でしたよね。胡耀邦は**鄧小平**をバックにしており、さらに、若くして長征に参加した男だから、長老たちも一目置いていた。だから鄧小平や**陳雲**など、長老たちが亡くなり、文字通りの胡耀邦の時代が来たら「民主化への道が開ける」と、私は思っていました。

山上　でも天安門事件の2年前に総書記を解任されてしまいましたね。

門田　胡耀邦はその鄧小平や陳雲が健在の時に民主化を進めましたからね。解任後も民主化への強い意欲を持続させ、政治局会議でも熱弁をふるいました。その直後に心筋梗塞で倒れ、亡くなった。最後まで「八大元老会議」の陳雲ら保守派長老たちと激しく対立したのは立派です。当時の**中曽根**首相は、胡耀邦を窮地に追い込んではならない、と靖國参拝を自粛したほどです。胡耀邦はチベット訪問をした際、チベット人が置かれている状況に涙を流し、以後、数々の反対を押しのけて政治犯の釈放とチベット語教育を復活させました。しかし、チベット人に謝罪を表明するなど、保守派長老たちにとっては〝許されない存在〟でした。

山上　中国共産党の考えは、ある程度民主化運動は容認しても、行き過ぎると「ブルジョワ自由化」につながるから、一定枠からは絶対に「はみ出させない」というものですね。

門田　だから鄧小平も「学生たちに過度に肩入れする姿勢は危険だ」と判断し、86年12月に起きた全国学生デモの責任をとらされる形で胡耀邦の総書記解任につながりました。

山上　でも政治局常務委員を下りて、単なる政治局員となってからも、党内改革の必要性を訴え続けたんですよね。

門田　革命第一世代の長老たちが世を去れば、胡耀邦は復活する、と民主派は最後まで胡耀邦への期待を捨てなかったんですね。私自身も当時、そう思っていました。でも、その胡耀邦が急逝し、若者の夢は打ち砕かれた。そして、北京の天安門広場に胡耀邦の死を惜しむ学生たちが集まり始め、それが巨大な民主化運動へと発展していきました。そこで共産党指導部の最高実力者・鄧小平が危機感を募らせた。これが波及すれば自分たちへの革命につながる、とね。

山上　鄧小平の勘は「さすが」というべきかもしれませんね。実際に、この年の秋から起こった東欧の民主化運動は、ついにベルリンの壁を崩壊させたのですから。

門田　共産主義国は次々と瓦解し、2年後にはソビエト連邦も崩壊した。共産主義が限点に達したことを、この時点で鄧小平には見えていたのかもしれない。そして胡耀邦とのコンビで民主化へのシンボルでもあった**趙紫陽**元総書記が天安門広場にやってきて、学生たちに「解散」を要請したというわけですね。「このままでは、軍が投入され、弾圧されてしまう。そうなったら元の木阿弥だ。自由と民主への叫びが弾圧され、潰されることは絶対にあってはならない。その前にどうか解散して欲しい」という強い思いを持つ趙紫陽は学生たちに解散を呼びかけましたが、「このチャンスを逃したら永久に中国の民主化は成し遂げられない」と、考えていた学生たちが受け入れるはずはありませんでした。そして鄧小平は北京に戒厳令を布告した、これが1989年6月4日の天安門事件の経緯です。

山上　だからそのときに、佐藤重和などが〝泣きながら電話した〟という背景は理解できる。チャイナスクールの人たちも落胆した。

門田　彼らはそこまで中国を信じ切っていたわけですよね。しかし、中国共産党の蹂躙と弾圧という「本質」から目を逸らしたままだと、日中外交は成り立たないと思いますよ。

山上　本来はそれを語るべきなのです。それを日本国民に知らせることが、チャイナスクール、中国専門家としての大きな役割のはずなのですけれど。

門田　それ、チャイナスクール出身者でやっている人間はいない？

山上　数少ない例外は、上海総領事だった**杉本信行**。部下の館員がある中国人女性と交際していて、それをネタにゆすられて領事館の通信システムの重要情報を要求された。外交の世界の通信手段たる「公電」は暗号化電報を使って本国とやり取りするのですが、領事館の暗号システムが中国側に漏洩すれば、上海領事館だけでなく日本の在外公館の動きも中国側に筒抜けになります。執拗な脅迫を受けて、部下は自殺してしまった。

門田　典型的ハニートラップでしたね。先ほど話したように上海のカラオケ店『かぐや姫』を舞台に行われたことです。杉本氏はそれを著書『大地の咆哮』(PHP)に記し、山本七平特別賞を受賞しました。

山上　チャイナスクールの人間にしてはかなり赤裸々に中国の問題を暴露した。でも彼ぐらいですよね。他はやはり、中国とことを荒立てない。中国のメンツばっかり優先してしまう悪い癖が定着しています。

外務官僚には〝大局観〟がない

門田　先ほど、**橋本恕**の名前が出てきましたが、彼が中国大使時代、ときは**宮澤喜一**政権で、**加藤紘一**、**河野洋平**と二人の新旧官房長官が、天皇訪中への流れをつくっていきましたね。そのときの宮澤政権の中国べったりぶりは、今の宏池会の姿勢のまさに源流ですよ。あのとき天安門事件での民主化運動への弾圧があまりにすごかったので、中国は先進国から厳しい経済制裁を受けた。中国はそれを突破するために、一番弱い輪である日本に目をつけて、突破口にしようとした。そこで橋本恕が動くわけです。

山上　私は名前だけは知っていますが、面識はないんですよ。チャイナスクールのドンで面識があるのは**谷野作太郎**元中国大使です。

この橋本、谷野、そして阿南、槙田、宮本氏という連綿としたチャイナスクールの流れがあります。チャイナスクールの多くに共通する思考様式を一言で言うと、全省的な単位でものごとを見る訓練を受けていない。外務省全体、日本外交全体を見るということが大事で、日中関係というのは、日本外交のピースの一つでしかない。ところが彼らは、それがすべてだと思い込む。

門田　それよりはるかに大事なアメリカとの同盟関係もあるし、日ロ関係、日韓関係、東南アジア、オーストラリア、インドとの関係など、主要国という意味ではたくさんある。

山上　でもチャイナスクールの人間は、キャリアであっても、中国を飯のタネにしなきゃいけないという思い込みに捉われている。私は日中関係の専門家なんだと、とても小さな枠でしかものを見ない。というのは、先ほど述べた通り、役所のトップにはなれないけれど、中国を相手にしている限りにおいては中国課長をやれて、うまくいけばアジア局長やって、それで中国大使にという出世ルートがあるわけです。そうすると、みんな、それが歩むべきエリートコースのような気になってくる。

門田　そこにしがみつくために、中国に追従し、日本の国益を捨てていくわけです。

山上　怒らせちゃいけないと。怒らすと「あいつはとんでもないことをやる」と中国から人格攻撃に遭う。日本の政治家に働きかけ、人事に介入する。だから守りに入る。これが、チャイナスクールのメンタリティなのだと思っています。

門田　今の媚中外交の原因がそこにあるわけです。いやそれで、橋本恕の場合は、わかるじゃないですか。当時は台湾、つまり中華民国優先で、彼が推す中華人民共和国とは国交がなかった。でもついに1972年に国交が回復し、それから脚光を浴びて、大使になるときに天安門事件が起こりました。それで、今度は国交正常化に費やしたエネルギーを、「中国を国際社会に戻して、中国の存在感を見せる」ことに力を注ぐわけです。この橋本恕の生きざまについて、山上さんはどう分析しますか？

大東亜戦争に対する贖罪感を払拭せよ！

山上　チャイナスクール、特に橋本大使などに綿々と流れている思潮は、やはりシナ事変や大東亜戦争に対する贖罪感ではないかと思います。日本は中国に対してひどいことをしたという贖罪意識は異様に強かったですよね。これは外務省だけじゃなくて、**大平正芳**とか**後藤田正晴**とかも。

門田　財界もそうでしたね。新日鉄の**稲山嘉寛**さんとかも。

山上　チャイナスクールだけではなく、**岡本行夫**なんかもそう言っていた。彼はその容貌も相まって「侍」としばしば称されてきましたが、こと歴史認識にかけては朝日新聞そのもので、とんでもない奸物です。退官してからもずっと、日本は謝らなければいけないと言っていた。

門田　私が学生時代に中国に行っていた時代、当時の中国人は反日感情も少なく、よかったですよ。日本人への尊敬もあったし、自分たちは貧困だから日本への憧れも強かった。だから日本人は、贖罪意識もあって、中国を助けてあげなければという気持ちになっていましたね。

山上　中国にひどいことをしたと。だから彼はその贖罪意識に立って、和解ビジネスに乗り出したわけですよ。「強制労働だ」と元徴用工が新日本製鉄や住友金属日鉄などの日本企業を訴えたときに、中国人の原告と日本企業の間に立って、和解で解決しようと口利きした。私に言わせれば、もう戦後処理はとうの昔に終わっているのであって、それをまた掘り起こして金儲けの材料に使うなんて、とんでもないと思っている。彼は16期上です。それで岡本の愛弟子が宮家邦彦。岡本はアメリカンスクールなので、中国には弱いんですよ。

門田　そういう人もいるわけなんですね。

「汎アジア主義」の薄っぺらさ

山上　もう一つ、指摘しておきたいのは、贖罪意識もさることながら、橋本恕とか**阿南惟茂**などの特にチャイナスクールを見ていて感じるのは、「アジアはひとつ」といった「汎(パン)アジア主義」が頭をもたげてきたことですね。「汎アジア主義＝Pan-Asianism」ね。

門田　ああ、パン・パシフィックの「パン」ですね。

山上　「日中が手を携えればいろんなことできるんだ」という考えが根強くあったと思うのです。それから、戦前、戦中の大陸浪人にも共通する、中国に対する故なきセンティメンタルな憧れ。

門田　孫文らを支援した**宮崎滔天**《みやざきとうてん》などが代表的ですね。

山上　そうですよね。この汎アジア主義は、贖罪意識が薄れたいまも、脈々と流れていま す。チャイナスクールだけでなく、ときにアメリカンスクールにもいます。典型が**山口壮**氏です。彼は後に政治家になりましたが、口を開くと「これからはアメリカじゃない。日本は中国とやんなきゃダメだよ」と、ずっと外務省時代から言っていた。だから「日中が手を握ればアメリカなんか目じゃない」という意識が脈々とあるのです。これは、アメリカに対する心理的な反発。原爆もあるかもしれないし、東京大空襲もあるかもしれない。あるいはこの日米安保のあり方、それに対する反発が中国に接する脇を甘くさせる。「日中が協力すれば何でもできる」といった甘い幻想になって出てくる。それが外務省の一部の中に脈々とあることは間違いありません。

でも、単純にアジアは一つ、日中はわかり合えるんだ、これから世界をリードするのは日中だ、というような議論は薄っぺらく感じて仕方ないんですよ。

門田　そう、すでに破綻しています。中国は共産党主義国家ですから、自由と民主主義と法の支配がない。だから「アジアが一つ」なんて理論は成り立たない。石破茂という政治家の「アジア版NATO」などは、その本質がわかっていない典型的な空理空論。ああいう政治家には、それがわからないんですよ。

だから彼らは自由と民主主義のアメリカと独裁中国を同じように捉えて「等距離外交」とか「三角形外交」などと口にする。左翼リベラルの典型的考えがこれです。しかし、それは無理なんです。むしろ安倍さんが推進した「価値観外交」を徹底することが重要です。自由と民主主義と法の支配というのが一丁目一番地。人権弾圧の独裁国家、しかも日本国を淡々と狙っている中国と「一緒に歩んでいける」と考える政治家やジャーナリストには、「真実を見据えよ」といいたいですね。

第5章

牙をむく中国と倶《とも》に天を戴《いただ》かず！

統一戦線工作部と対外連絡部

門田　それにしても、中国の対外工作は凄まじい。「統一戦線工作部」と「対外連絡部」の浸透工作が激しいですからね。統一戦線工作部は国内、対外連絡部というのは国外と、大まかには分かれていますが、実際は、国外でも両組織の手柄争いは続いています。

オーストラリアでもそうですが、日本でも統戦部が暗躍しています。トップは**王滬寧**《おうこねい》。統一戦線工作部を統括しているのは彼なので、中国に行ったら、日本の政治家は嬉々として王滬寧と会うわけです。このあいだ訪中した自民党の**森山裕**幹事長、公明党の**西田実行**《まこと》幹事長も、毎回、訪中のたびに統一戦線工作部トップの王滬寧と必ず会い、握手して写真を撮っています。

野党も、**岡田克也**元立憲幹事長や社民党の**福島瑞穂**党首も、喜び勇んで面会して写真を撮っています。この人たち、相手が諜報・謀略戦の「頭目」であることを知った上で会っているのか、と呆れますね。

しかし、日本人は、政治家でも官僚でも財界人でも、この中国のスパイ組織というのをまったくわかっていないんですね。工作部門というのはどういうことなのか。中国の場合は共産党全体が工作機関で、工作国家なんですが（笑）、統一戦線工作部とか対外連絡部が外国に浸透していくありさまを、あまりにも知らなさすぎる。

山上　だからこそ、外務省内部の教育、そして国内での啓発が大事だと思います。

門田　私たちが就職したころは、まだわかりやすかった。ほぼ同時代に中国からやって来る人物は、ほぼ全員が「スパイ」でしたからね。

山上　当時は、一般人は中国から来られないですものね。

門田　そうなんですよ。だから私は、その頃、たくさん中国人の友だちをつくりました。それで、「おまえ、スパイだよな」なんて正直に言える関係がいくらでもできました（笑）。今でも、彼らはいろんなことを教えてくれるんだけど、当時は新華社をはじめメディアの特派員は全員スパイだし、留学生だって〝緩やかなスパイ〟でしたからね。

したがって、この70年代の終わりごろから80年代の前半あたりは、ものすごくわかりやすかったんだけど、90年代後半から、来日する人が多くなって、わけがわからなくなってきました。

いまから10年以上前、習近平時代になって対日工作はさらに苛烈になりましたね。中には、日本の公安からカネをもらっていただろう、といったん帰国させられて、監禁の上、そうとう絞られた人もいます。そういう中国人は、げっそり痩せて帰ってきますよね。

山上　**朱建栄**氏もそうですね。

門田　朱建栄氏は、中国で半年以上拘束され、完全に面相が変わるぐらい痩せ細って帰ってきましたね。

山上　この前、なんとその朱建栄とテレビ朝日系の「アベマプライム」で議論しました。深圳で児童が刺し殺された事件について議論したんですが、あのときに「ああ、朱建栄さんは終わっているな」と思ったのは、とにかくもう中国の擁護ばっかりだったんです。

門田　露骨ですよね。彼が言いたいのはひと言でしょう。「いや、あの親子は殺されたとき、中国語で会話していた」。母親は中国の出身ですから、息子と中国語で会話していたし、日本人学校の正門から少し離れた場所で刺されたのだから、別に日本人ということで狙われたわけじゃない、と。それをひたすら言い続けるわけです。児童が刺殺された日は「9月18日」という柳条湖事件（満洲事変勃発）の中国の〝国恥日〟の朝ですよ。何を言っているのか、という話ですよね。

山上　そこはごまかす。テレ朝だから司会のパックン（**パトリシア・ハーラン**）なんかも、そっちの議論に与《くみ》するわけです。いや、何たることかと思いましたね。あの時の朱建栄氏を見たとき、「なるほど、これじゃあ朱さん、もう何も言えなくなるな」と思いました。相当、中国で絞られたんじゃないですか。

日中間に「信頼関係」は存在しない

山上　なめられているっていう意味で、もう一つ大事な話をしておきます。特に石破総理とか岩屋外相がいとも気軽に「信頼関係」っていう言葉を口にしますが、こと対中国の場合は、信頼関係は成立しないんです。というのは、ことがマズくなったときに彼らは逃げるから。

門田　それは中国共産党のDNAですよね。

山上　そこは共産主義体制と、中国人のDNAの両方があると思っているんです。中国課にいるとき経験したのは、例えば尖閣の問題なんかで少し緊張が高まってくると、普段は一緒に飯を食っていた相方、**孔鉉佑**《こうげんゆう》が電話にも出ない。

門田　ああ、孔鉉佑ね。

山上　その後大使になった男。

門田　一昨年の秋に離任して帰りましたよね。

山上　そう。彼は普段はいいんですよ。ちょっと嫌味言ってくる人物で、私が中国課の首席事務官になったとき、「山上さん、これアルバイトですか」なんてジャブを放ってくる。私は中国専門家じゃないから。「あんたはアメリカ専門でしょ。中国相手はアルバイトですか」という意味ですね。イヤミなこと言うわけですよ。

門田　面白いやつですね（笑）。

山上　出てくるときは一人じゃ来ない。中国の外交官は必ずペアで来るんですよ。規則があって、一人じゃ会えないのでしょう。あるいは監視されている。だから2対2とかで会うんです。普段はしゃぶしゃぶや寿司、上海ガニを一緒に食べる間柄なのに、いざ問題が起きて電話すると、一切、出ない。

門田　すごいね。徹底している。

山上　保身ですよ。やっかいな問題にクビを突っ込みたくない。だから常に安全マージンを広くとる。

門田　じゃあ、日本外務省の中国課長と同じですね。真似されたんじゃないか（笑）。

山上　私は、中国のＤＮＡにおいて、「火中の栗は拾わない」という意味で一番ショッキングだったのは、あの「通州事件」についてです。

門田　念のために説明しておきますと、日中戦争開始直後の１９３７年７月、日本が中国北部（華北）を影響下に置くために樹立させた傀儡政権の保安隊の中国人が反乱を起こし、現在の北京の東にあった通州で日本軍守備隊や日本人、朝鮮人の居留民ら二百数十人を虐殺した事件ですね。

山上　それについての何人かの証言があって、その一人で日本人の元慰安婦で中国人の男性と一緒になって、中国人のふりしてね、通州で殺されずに済んだっていう女性の証言があるんです。すごい記述でした。

「通州では日本人の男性は殺されて、はらわたを引きずり出され、女は強姦され、板の棒っ切れを陰部に突っ込まれ」というその女性の証言に、〝周りの中国人がみな能面のような顔をして、その光景を黙って見ていた〟というくだりがあるわけです。ここに中国人の本質が現れているような気がします。なにかまずいことがあったときに、「そんなこととしていいのか」と正義感を発揮して止めようとするのではなく、自分に災いが及ばないように立ち尽くして遠巻きに見ている。だから文化大革命が起きるのですよ、あの国では。私は、「小人はどっちか」と言いたい。これは『通州事件　目撃者の証言』(藤岡信勝編著・自由社)という本で公にされています。読む価値はあります。

門田　確かに、盧溝橋事件から、この通州事件に至る2〜3週間に、日本人にとって〝怒髪天を衝く〟出来事がたくさんありました。通州事件については、残虐ぶりを示す写真もたくさんある。そこで、「支那許すまじ」という声が強くなっていくんですね。

私の友人がこの事件を研究していて、「門田さんが言うようには、通州事件は支那戦線拡大に、それほど大きな影響を与えていない」と言ったことがあります。私は「あんた、バカ言うなよ」って(笑)。「紙に記されたものだけで判断するな。紙に記される以上の怒りが日本全土にいきわたっている。それをもとに、みんなが議論しているんだから」と諭したんですが。

山上　「怒髪天を衝く」という形容が正しいですよね。

門田　昭和12年の7月7日に盧溝橋事件が起こり、それから3週間経った7月29日に通州事件が起こった。そして12月の南京攻略まで突き進んでいくわけですが、「それが違うなんていったら、学者生命が絶たれるぞ」と忠告してあげました。でも、通州事件といっても、日本人は誰も知らない。一部の間では有名だけど、一般の人が知らなさすぎる。

山上　つくる会以外の歴史の教科書にも出てこないですものね。

門田　それにしても「能面」ですか。確かに、中国人にはそういうところがあります。

山上　「これ、すごいな」と同時に、「あ、そうだろうな」と。孔鉉佑の対応を見ると、まさしくそうです。外交官だったら自国と任国との関係がまずくなったときに、身を挺して、なんとか関係を良好に持っていこうとするのが普通でしょ。日本人はナイーブだからそう思う。中国人はまずくなったときにその場から離れる、他人のふりをする、距離を置く。それが彼らなりの処世術なんでしょう。それが中国四千年の歴史。だから「信頼関係」なんて安っぽく使って欲しくない。石破総理も岩屋外相も、言葉が軽くうつろなんですよ。

「中国が強くなれば周りを支配するのは当たり前」

門田　それにしてもいまの中国は、私がよく訪れていた頃と、まったく違った国になった感じがしますね。

山上　私は、「中国人は上下関係でしか考えられない人たちだ」と思っているのです。「対等な関係」というものがない。中華思想では「天子の国」で、周辺はみな〝蛮族〟ですから、民族的にそういう伝統があるのかもしれません。

門田　確かに、自分より弱いものは徹底的に叩く。するとその上下の関係で、これまでは日本が上位にあったので、ずーっと、おとなしくしていたけれど、だんだん国が富んでくるにつれて粗暴になって。決定的になったのは2010年、GDPで日本を逆転したこと。

山上　あれ以来、中国人の態度がガラリと変わりましたね。「俺たちが世界2位で、お前たちは3位だろう」って、見下すようになった。

門田　露骨に変わりましたね。中国人をよく見ていると、この変化がわかる。彼らの下になると、悲惨ですよね。チベット人が、ウイグル人が、南モンゴルの人たちが受けていること。そして香港が悲惨なことになったように、徹底的に叩きつけられるというか、軽蔑されていく。いわば文化的な侵略ですよね。

山上　まさしく、その状態にいま日本が入りつつあります。

門田　もう完全に入っていますね。しかし、日本の政治家も外務官僚も危機感がない。それは何かというと、中国人の本質を知らないからないんですよ。石平さんは元中国人だから、それを知っている。私がそういう話をすると、「わが意を得たり」になります。

山上　だから私、そういう意味ではね、日本の論壇における石平さんの存在は貴重だと思います。彼は中国で生まれ、育って、北京大学まで出ているでしょ。本来なら彼が嫌中・反中なんてありえないわけですよね、日本国籍を取ったものの、根っこは中国にある。そんな石平さんの言論活動について、日本人はね、耳を澄まして聞くべきです。

門田　そのとおりです。先ほどのビザ緩和問題でも、外務官僚の「中国人富裕層だからいいんですよ」という感覚は、日本の高度医療や老人ホーム問題に大きな弊害を生む。それに対して政治家も外務省も、なんの危機感も持っていない。外務官僚は、なんでわからないのでしょうかね。専門の人たちが、「これこうですよ、これおかしいですよ」と提言したら、普通、吸い上げますよね。それを少数意見だと捨てるのではなく、専門家の意見を吸い上げて、外交に活かしていくのが外務省の役割なのに……。

山上　残念ですが、それができていない。中国人は上下関係でしかものを見られないから、〝異民族〟のウイグルをあれだけ弾圧する。そういう中国人のものの見方が、日本に対していま出てきているように思います。

門田　私はネタ元である中国人とこの間、会合を持ったとき、山上さんの言うこの上下関係の話をしたんです。すると、「そんなの当たり前でしょ」という言い方でしたね。「弱いから支配されるので、強くなったら支配するのは当たり前」と。彼は立派なインテリです。

そういう人が平然とそう言い放つ。ウイグルはもちろん、台湾もフィリピンも支配するのは、「中国が強くなったのだから当然だ」というのです。

山上　彼らとしては「力による支配がすべて」ですから。

門田　力による現状変更をごり押しして、世界中から指弾されても「いいんだ」という考え方です。これが中国人の典型的な考え方です。もっと言えば、中国は「百年国恥」といって、1840年のアヘン戦争から1949年の中華人民共和国建国までのおよそ百年を〝国の恥〟の期間としている。この百年国恥の恨みを晴らして「中華民族の偉大なる復興」を建国百年の2049年までに果たすのが習近平の悲願です。2013年に国家主席に就いて以降、習近平は常に口にしています。台湾統一や日本侵攻は、その一環として存在するのです。

第二次大戦終結の1945年以降の「戦後秩序」など、中国共産党はなんとも思っていません。自分たちが「百年国恥」をやっと脱したら、戦後秩序によって「もう侵略は許されない」など、ふざけるな、というのが彼らの本音なんです。自分たちはやっと力をつけてきた。だから、あんたたちが散々やってきたことを「これからは俺たちがやるんだ」というのが彼らの論理なんです。日本人からしたら、今更そんなに領土を侵略してどうするのか、と思いますが、中国共産党はまったく違うのです。

山上　そこの違いを認識しないと、ここから教訓を導き出せないですね。

門田　要するに中国は日本人を「恨みの対象」、すなわち「滅ぼす対象」としか見ないようになりました。90年代以降、これまで説明してきたように、反日教育を押し進め、習近平以降は、これが反日憎悪教育になり、現在に至ります。中国共産党のその「目的」を知ったら、本当に背筋が寒くなりますね。

「一衣帯水」「同文同種」の違和感

山上　そうです。ですから日本と中国には決定的な違いがあることを認識するべきです。新しい日中関係は、そこから始めなければいけません。でも日本人には、根拠なく「文化的に近い国なんだからうまくやっていけるはず」という思い込みがあります。それは先ほどの「汎アジア主義」ともつながるのですが、日中国交正常化のときも、「大同小異」なら ぬ共通項を強調する傾向が強かったですね。そのかけ言葉で使われたのが「一衣帯水」「同文同種」という手垢にまみれたもの。その幻想の上に乗っかった日中友好なんです。その洗脳が解けてない典型が、**岩屋毅**。「漢詩も律令制度も宗教も、みんな中国から学んできた」などと平然とうそぶく。

門田　少しでも教養があったら、それは絵空事だとわかるはずですけどね。

山上　違うんですよね。日本は聖徳太子以来、中華文明の支配構造に巻き込まれないように、適切な距離、間合いを取ることに腐心してきた国なのです。だから日本は中国の周辺各国と違って、中華圏から離れて生きてきた。これからもそうやって生きていくんだという、この違いを認識することが出発点です。

門田　そこにこそ日本人の誇りを見出していくべきです。

山上　包みこまれては絶対にいけない。逆に、日本は一時、中国を包摂しようとして失敗したのです。包摂しようとしても、それは土台無理な話。適切な距離をとって生きていく。これに尽きると思うんです。

門田　このSNS時代では、タガが外れたというか、わけのわからない流説が飛び交っています。私が90年代に懸念していた以上の有様です。向こうでは「東風41型核ミサイル7発で日本を消滅させられる」などというとんでもない動画が持てはやされている。

また1200万人ものフォロワーを持つ中国のインフルエンサーが、「現代中国人の使命は日本人を神のもとに送ることだ。それをしないなら、我々は何のために東風41型ミサイルを持っているんだ」と嘯《うそぶ》き、これが拍手喝采を浴びている。異常なマインドとしか言いようがない。

山上　その通りです。とすると、日本も抑止力を持たなければならない。

門田　中国は、「アメリカの拡大抑止」などは歯牙《しが》にもかけていない。だから「日本は日本で考えろ」というトランプ政権誕生は大きなチャンスです。日本にとって一番安上りな方法は、その言葉に乗って、「原子力潜水艦を売ってくれ」と要求することです。

山上　核ミサイルつきですか？

門田　「核ミサイルまで買った」と公にしなくてもいい。それは秘密でいいんです。これが一番安上がりで、現実的な核抑止力になります。日本に「おまえら、もう自分で守れよ」とトランプが言うんですからね。韓国もその線を考えているはずです。隣国の韓国が先に核を持ったとしたら、さすがに日本人はどういう反応をするでしょうか？　韓国のアンケートでは、70％が核保有賛成。実際に核保有はありうるんです。そのとき日本国民はどうするんだろう、と。

山上　韓国は北朝鮮とも対峙していますからね。日本人だけが完璧に思考停止状態です。

外務省OBでも**兼原信克**氏なんかが問題提起しているのは、要するに拡大抑止の具体論。「アメリカの同盟国に攻撃したら、アメリカから報復されるからやめておこう」と敵に確信させる戦略ですね。つまり、通常兵器と核兵器によるアメリカの拡大抑止が日本を守ってくれるということになっているけれど、特に核兵器については、われわれに何のシナリオも示されていない。アメリカ政府も米軍もどう動くか、ブラックボックス化されていて知らされていない。アメリカは「安心しろ」と言っているだけで、実はアメリカ自身もそんなシナリオを描けていないのではと思います。こういう実態で、これは核シェアリングまで踏み込んでいるNATOとは雲泥の差なんです。東アジアの防衛体制は、はるかに遅れています。

非核三原則を公式に見直す時期が来た

門田　しかも、北朝鮮への対応もリアルになってきていますね。核開発が終わるか終わらないかの段階に差し掛かっている。しかし、日本の場合は妙な安心感があって、アメリカの「拡大抑止」政策で安全が守られていると考えているのですが、拡大抑止協議は防衛省と外務省から何人か出席して、米軍側も出席して年に一度開かれるらしいのですが、そこでどんな話をしているのか、誰も知らない、報道もされない。「本当に守ってくれるの？」「もちろん！」のような形になっているのか……外務省の中では、どんな話をしているのか、わかっているのですか。

山上　そこは多分、一般論の域を出ていないと思います。なかなか個別具体論に入っていかないという、じれったさがあるんです。もっと踏み込んで、こういうときはどうするのか、米軍はどう動いてくれんの？　自衛隊はこう動くからという議論をしなければいけないのに、それができていない。

門田　**安倍**さんが自分の死期を知っていたとしか思えないように、2022年初めから発言し出しました。フジテレビの「日曜報道　THE　PRIME」で2月末に非核三原則の「持ち込ませず」は現実的ではない、これをどうするべきか議論すべきだ、と発言し、その翌週には、**高市早苗**さんが出演し、核シェアリングの議論の大切さを訴えたら、実に76％が「核シェアリングの議論をすべきだ」という視聴者の反応があった。

そして安倍さんは、BSフジのプライムニュースで5月初め、「アメリカに核反撃の手順をあらかじめ明らかにしてもらいたい」ということも提案しています。つまり、あらゆる手段を講じて核抑止力を上げようとしていたわけです。アメリカによる核抑止力の信憑性が上がれば、少しは抑止力が上がりますからね。

山上　その通りですね。

門田　思えば、それを提唱したのが安倍さんにとって最後のテレビ出演でした。その2カ月後に安倍さんが亡くなるわけですが、ひたすら「日本民族の存続」を安倍さんが考えていたことがわかります。アメリカの拡大抑止の信憑性が揺らいでいたので、これではいけないと、安倍さんは必死だったのでしょうね。

山上　それが本当の「抑止力」というものですよね。

「戦略的互恵関係」という絵空事

門田　私は、この核抑止は、保守・現実派の高市早苗さんだったら必ず進めると考えているんです。

山上　この問題はとても重要で、対中外交にも共通するのですが、日米同盟の中では拡大抑止がブラックボックス化されていて、「必ず守ってくれるんだ」という思い込みに終始しているだけでは思考停止状態にあります。具体論に入らないといけない。

同じような話が日中でもずっと行われてきて、これがスローガン外交。１９７０年代、80年代、90年代は「日中友好」、何かというと「日中友好の大局に立って」。だから小さなことでブツブツ言うなと、不平不満が退けられてきたというのが、日中関係の歴史でした。

門田　私はこれを「日中友好絶対主義」と名づけています。

山上　さすがに、いまさら日中友好ではないと思う人が増えてきた。賞味期限が切れたんですよ、この言葉は。そうしたら今度、両政府が編み出した言葉が「戦略的互恵関係」。

門田　２００６年でしたかね、安倍第一次政権で使ったフレーズです。

山上　そう。そのときはまだよかったのですが、これも歴史的使命を終えたと思っています。でもまだ使いたがる輩がいるんです。もともと「戦略的」という言葉を入れたがったのは中国なんですよ。ひとえに日米同盟にくさびを打ち込もうとする意図です。

「戦略的関係」というのは英語では「strategic partnership」ですが、これはどういう関係をさすかというと、同盟に近いけど同盟に至らないような関係。例えば民主主義や人権、法の支配などの基本的価値を共有し、かつ南シナ海とか東シナ海について戦略的な利益を共有すること。価値と戦略的利益を共有するような間柄で、初めて「戦略的パートナー」

と言えるわけです。
世界標準で言えば、例えば日本とイギリス、オーストラリアなどは戦略的パートナーということになります。面白いことに、この前北朝鮮がロシアと結んだ協定も、「包括的な戦略的パートナーシップ」と呼んでいます。これが国際社会の相場観なのです。にもかかわらず、中国は日本との関係で「戦略的」という言葉を使おうとこだわってきた。これはアメリカの陣営から日本という国をひっぺがそうとすることにほかならない。すると日本外務省、官邸も思考停止に陥って、この言葉を呪文のように唱え続けている。これに手を染めたのは**谷内**と**秋葉**なんですよ。だから後輩連中としてはそれをひっくり返せない。谷内のメンツもあるだろう、秋葉のメンツもあるだろうと忖度してしまうんですね。
門田　これも安倍さんと谷内さんが策定したんですよね。
山上　そうなんです。だけどもう20年が経っている。2006年ですから。いまはもう中国が露骨に日本に牙を向いてきている。2022年末に策定された国家安全保障戦略では、中国は「いまだかつてない最大の戦略的挑戦」を提起していると形容されているのです。そんな関係の中で「互恵」はまだいいとして、「戦略的関係」なんて言葉で現在の日中関係を称すること自体が、現状を糊塗《こと》することに他ならない。中国の手の平で踊るだけの言葉です。したがって、こういうスローガン外交はやめて、これからは是々非々でやらなければなりません。なにかというとこういうスローガンを持ち出して、「だまらっしゃい」とか「小さな問題は忘れましょう」とするのは、日中だけですよ。

門田　それと歴史カードですよ。

中国の思惑に乗ってしまった浅はかさ

門田　その戦略的互恵関係の「戦略的」の意味合いは、よくわかりましたが、例えば政府や外務省は、そこは共有しているのですか。

山上　本来こういうのは国際社会の常識に近いものです。

門田　では、わかっていて、「それだけ中国が言うのなら、わかったふりしていようよ」みたいなことなのですか。

山上　最初はもっと長ったらしい言い方してたんですよ。「戦略的利益を共有する」などの言い方で、「戦略的関係」という言葉は使っていなかった。それを略称で縮めたときに「戦略的互恵関係」としてしまったわけです。中国がやりたいことに完全に乗っちゃったんです。

門田　すると、例えばアメリカが英語で見て、「日本の政府は日中関係を日英関係とか日豪関係と同じ関係に捉えているじゃないの」と考えるかもしれませんね。

山上　だから「バカじゃないの？」と思っているでしょうね、アメリカは。「そんな言葉を使える間柄じゃないだろう」と。日英、日豪はいいとしてもね。

門田　中国はそうやって言葉で縛りをかけてきているわけなんですね。

山上　そうなんです。中国の典型的なやり方は、まず原則を打ち出して、その原則にのっとって行動しようということで異論を封じ込める。それが中国外交の典型的手法。だから「平和五原則」とかがあったじゃないですか。いまは一切口にしない。自分たちが弱いときだけ「平等」「主権の尊重」なんて主張した。でもいまはまったく当てはまらない。尖閣諸島周辺で中国がやっていることを見たら、とても平和五原則なんて当てはまらない。自分たちの都合のいいときだけ振りかざして、「だまらっしゃい」とやる。

門田　歴史カードもそうだし、戦略的互恵カードもそうです。

山上　日本の政治家はすぐ乗ってしまう。コバホーク・**小林鷹之**のような保守派と称する人でも、自民党総裁選の過程で「中国との関係をどうするんですか」と聞かれて、「戦略的互恵関係を進めていきます」なんて答える。無条件に刷り込まれているから、深く考えもせずに口に出してしまう。これでは丁々発止の外交なんてできないんですよ。

門田　うーん。本来の力関係で言うと、日本の技術と日本のお金で、あの荒野と化した中国を復活させたわけですから、日本のほうが立場は強いはずです。それなのに、最初から位負けしているんですよね。

中国は自分の非は決して認めない

門田　だから中国との外交では、垂さんのように対峙すべきはきちんと対峙すべきなのです。こっちが強硬に出れば、向こうは譲歩する。というのは、中国外交官は権限を持っていないから。日本を怒らせて「決裂しちゃいました」なんて言ったら、上が許さない。だから日本はもっと強く出なければいけない。

山上　中国人がどういうものであるか、外務官僚が知らないんですよね。垂のようなやり方が正しいのですが、それが浸透していないし。「彼らは上下関係でしかものを見られない」と述べましたが、そこで下位に位置したら、いくらでも付け込まれます。

門田　せめて対等、もしくは自分が上のほうに持ってこないとダメなんですよ。中国人は非常にわかりやすいので。

山上　しかも、自分の非は決して認めないですから。それがまた彼らなりの交渉術なんです。ただ日本の場合、そこで怒らせると、今度は後ろから弾が飛んでくるんですよ。

門田　そこは外務官僚に同情するところですね。後ろから、つまり政治家から攻撃されて、黙って異動させられちゃう。これはしんどいですね。

山上　私も中国戦狼外交と戦ってきて、あるとき、中国大使館のナンバー2と言い合いになったことがありました。**韓志強**《かんしきょう》公使といったかな、松下政経塾で研修した男でジャパン・スクール出身の人間なんですが、日本の安保法制を説明する機会に尖閣についての中国の主張がいかにたわけたものかを、徹底的に論破したんです。そうしたら旗色悪くなったのを察して、「こんな話には付き合えない」と、会談からウォークアウトしたわけ。すると、当時の**平松賢司**総合外交政策局長とか、いまの外務次官とか日本側のみんながオタオタしだす。「山上審議官が強硬なこと言うから、中国側が帰っちゃった」と。

門田　日本側は政治家のほうを向いて仕事をしているから、まずいと考えちゃうわけよね。

山上　そう。中国側は論破されて、恥ずかしくなってその場にいられないから帰ったのに、日本側が、「ああ、怒らせて帰らせちゃった」と。それで〝ご注進〟とばかり、「こんなことが起きました」と上司や政治家に報告に行く。

沖縄は半分中国に支配されている

門田　話は変わりますが、私は現実に、沖縄が中国に浸透されている状態が心配でならないのですよ。中国には、すでに「琉球特別自治区準備委員会」があります。「大和民族は中華民族の一部」なんて、彼らは堂々と広告を打っています。以前は「琉球は琉球人のもの」と宣伝していたけど、今はもうそこには留まっていないのです。

20世紀の最初に「五族共和」というスローガンがありましたね。五族というのは漢族、満洲族、蒙古族、チベット族、ウイグル族。それを一番最初に使ったのは中華民国の孫文なんです。辛亥革命のときに民族統一を目指すためのスローガンとして掲げた。のちに日本が「日・満・華」に東南アジアやインド、オセアニアを加えて「大東亜共栄圏」としての理念にしたのですが、中国共産党は、いまそれを利用して、どんどん枠を広げ、「その文化・文明が中華の文明下にあれば、それは中華民族である」ということにしている。だから大和民族も中華民族の一部だと、トンでもない主張までする。
しかし、実際にはもともと「中華民族」という言葉はなかった。造語です。五族をひっくるめて中国共産党が中華民族という言葉にしてしまっただけです。だから琉球人も中華民族だし、それで大和民族もその一部というところにまで発展させてきているわけです。

山上 だから中国側の世界観では、とっくに琉球は中国の一部にされていると見ることができますね。

門田 一昨年の夏に**デニー玉城**知事が中国を訪問しました。すると準備万端整えられていて、北京郊外の通州にある「琉球国墓地遺址」に玉城氏は案内されるわけです。ここには、明治政府によって琉球処分が成されたことに不満を持ち、清朝に助けを求めた琉球王国の官吏が葬られている。その人物は、清朝が要請に応じてくれなかったことで自殺してしまいます。その場所がいきなり整備されて、玉城知事がお墓参りしている姿が中国で全国放映されたわけです。つまり、時を経て、「今の沖縄知事も、中国に助けを求めてきているぞ」ということを全中国に知らしめるために利用されたのです。

山上 しかしデニーは、父親はアメリカ人でしょ。

門田 そうですよ。でもアメリカに恨みがあるんじゃないですか。捨てられているから。

山上　あ！　そっちで中国に近づいちゃうのは哀しすぎる（笑）。

門田　要するに中国にとって、デニー玉城知事の存在は大きい。県知事の権限は大きいですからね。例えば台湾有事の際には、自衛隊が波止場を使用したり、一般道路を利用して動きます。しかし、県知事がそれを拒否して、日米の介入を遅らせることができます。米軍が埠頭の使用許可を求めても許可しないわけです。海上自衛隊が許可を求めても、いろいろ理屈をつけて使用を許可せず、訓練の邪魔をし続けているのです。

山上　味方がそんな状況ですから、有事への対応は心もとないですね。

門田　そうなんですよ。一方、与那国島の町長は、逆に**中谷元**防衛大臣と会談して、自衛隊と共用の空港、波止場をもっと拡張してくれと要請した。でもその要請を受けても、中谷大臣は軽々には「はい」とは言えない。権限は知事も持っていますから、「実現を前提にして、沖縄県と協議します」と中谷大臣が答えたことがニュースになりました。

石垣島の**中山義隆**市長も、対中防衛に積極的です。つまり、八重山諸島は、対中国で結束しているのです。本島は侵食されていますが、八重山はがんばっています。

山上　目の前に台湾、そして中国がありますから、危機感は切実ですよね。

日本国籍取得のプロセスを厳格化すべきだ

山上　日本にとって沖縄は死守しなければならないのは当然ですが、もう一つ、日本全体で考えなければいけないのは、外国人が日本国籍を取得するときのプロセスをもっと厳格にすべきだということです。やはり日本への愛国心、忠誠心をテストする必要があります。いまは日本の旅券を持っていれば、どこでもビザなしで行けるからと、安直な気持で中国人が日本のパスポートを取りたがる……。

門田　日本のパスポートは世界で一番、信用がありますからね。

山上　こんなことを許していてはいけない。日本人になるからには、「君が代」を歌うだけでなく、要件を課していく、きちっと。

門田　当然です。でも具体的に、どうしたら、それができるんですか?

山上　アメリカの場合は「Pledge of Allegiance（忠誠の誓い）」があります。「誓います」と宣誓する。「ことに臨んでは云々」といった自衛官の宣誓がありますが、これと同じようなものが本来あっていいはずです。「日本国を愛し、日本国に忠誠を誓う」と。

門田　本来、主権国家なら当然やるべきことですよね。

山上　こんなに緩い国はない。オーストラリアも自国に忠誠を誓わせている。日本もそろそろ本格導入して、一種の踏み絵を踏ませる必要があります。

門田　でも、それだけじゃ弱いですね。忠誠を誓わせるのはもちろんですが、それに加えてテストを課すとか。少なくとも、いまのようにほとんどノーチェックで与えている状態を改善していくべきです。

山上　出身国がどこであれ、日本で5年ぐらい生活して、少し日本語が理解できれば、まず日本国籍は下りてしまう。

門田　甘すぎます。

山上　石平さんも「これだけで日本国籍を取っていいの？」という印象だったという。

門田　いま話題の、熱海市長選に立候補している人物など、日本語さえ心もとない。石平さんから見たら、「そんな日本語で市長に立候補するのか、メチャクチャだよ」と言いますよ。でも新宿区議選に何度も挑戦している**李小牧**氏は、何度も落選しているうちにだいぶ日本語が上達してきましたよ。

第6章

日本の「隷属外交」をどう変えていくか

日本の平和ボケをどうする？

門田　これまで「日本の平和ボケ」について語ってきましたが、では中国は今後、日本に何をしようとしてるのか？　先ほど述べたように、中国では「東風41型核ミサイル7発で日本は地上から消える」といった類いのSNSが蔓延しているし、また、反日教育で抗日映画を見せ、日本軍が子供に爆弾を背負わせて爆発させたり、母親の目の前で子供を突き刺すなどという残酷な映像を見せて、日本に対する憎悪を煽りに煽っています。

山上　でも日本人は、それを知らない。そこが問題なんです。

門田　これ、アメリカがいい事例になると思うんです。これまでの話にもあるように、アメリカは中国を自由世界に引き込んだら、やがて民主国家になるという楽観論でやってきました。南シナ海での中国の岩礁埋め立てでも、「軍事基地化することはない」という露骨な嘘を〝信じよう〟としてきた。ところが、2013年、いきなり軍事基地化され、オバマもさすがに驚愕した。このころにアメリカでは対中問題のベストセラーが2つ出たじゃないですか。

一冊は、国防総省顧問でハドソン研究所中国戦略センター所長の**マイケル・ピルズベリー**の『China 2049』(日経BP　2015年、原題は「The Hundred-Year Marathon」)です。〝パンダハガー〟(親中派)だったピルズベリーが中国の野心と方法を長期間にわたる研究の末に知り、その危険性と野望を告発した書です。

もう一冊が、カリフォルニア大学経済学教授として教壇に立ち、同時にビジネスニュース番組CNBCのレギュラー出演者としても活躍していた**ピーター・ナヴァロ**の『米中もし戦わば』(文藝春秋　2016年、原題は「CROUCHING TIGER」)です。

ナヴァロは、すでに二〇〇九年に『中国は世界に復讐する』(イースト・プレス)という警世の書も出版しており、斯界の第一人者の地位を確保していました。前著でアメリカや世界に対して、「サイバー攻撃」「技術移転の強制」「知的財産の略奪」「通貨操作」など、数々の犯罪行為を行う中国の姿を暴露したナヴァロは、米中が戦うことになるのは必然であり、もし戦うことになったらどうなるのか、という根本的疑問に応えました。

山上　それが『米中もし戦わば』ですね。

門田　中国の狙い、軍事力の差、戦争の引き金は何か、戦場で何が起こるか、交渉の余地はあるのか、そして平和への道は存在するのかについて、徹底分析を試みたわけです。

2冊のベストセラーに共通しているのは、「アメリカはこのまま中国に騙され続けるのか?」という根本的な問いかけです。何度も述べてきたように「中国は、いつかは民主化するだろう。自由陣営に仲間入りし、いつか世界を支えるだろう。それまで彼らを応援しなければならない」というのが、アメリカの基本的考えでした。しかし、これは中国共産党というものの本質を知らず、「自分たちの望まないことは絶対に起こらない」という典型的な〝正常性バイアス〟に陥った結果、騙され続けたことを示しています。でも南シナ海の一件で、さすがのアメリカの国民も「これは、おかしい」と感じていたところに、この2冊のベストセラーが出たことになります。

山上 それでもう完全に目覚めたというわけですね。

門田 でも日本は、「東風41型核ミサイルをぶち込む」などと暴言まで吐かれているのに、それでもまだ危機感がない。

山上 ただ、着実に国民の嫌悪感は増幅していますね。日中国交正常化に伴ってパンダのランランちゃん、カンカンちゃんがやってきたときは、中国の好感度が9割を超えていましたが、いまはまったく逆になりましたよね。

門田 切実な危機感はないにしても、確かに嫌悪感は増している。媚中派に対する批判がものすごく強くなっています。アメリカでは共和党も民主党も、上院も下院も、「中国許すまじ」になっており、こんなに人権を何とも思ってない国は許せないという論調が支配しています。

山上　はい、民主党もそうですもんね。中国に対する意見だけは一致している。

門田　時代を読めない連中は日本の政治家や官僚、財界人、マスコミなんですよ、国民は平和ボケしているから「東風41型」までは知らないけれど、「中国をこのままのさばらせておいたら、これはやばいぞ」ということは感じている。しかし、自民党も立憲民主党も中国に籠絡されているから、その声が政治に反映されないわけです。**岡田克也**に至っては幹事長時代、「台湾独立はダメだと、ちゃんと発信をすべきだ」と国会で岸田首相に迫るほどでした。「え？　この人、本当に日本の国会議員なの？」と資質を疑いました。統一戦線工作部の王滬寧とにこやかに写真を撮るような男だから、常識はずれは知っていましたが、彼の発言は台湾の人たちの主権を完全に侵しているんですよね。

山上　それは台湾海峡有事の可能性を高めることにつながりますよね。

門田　そうです。2005年、「反国家分裂法」を中国は定めました。台湾の独立分子は武力で排除する、という滅茶苦茶な内政干渉の法律です。台湾独立派の首謀者には死刑を適用するとの指針も発表されている。しかし、こんな横暴なやり方にも、日本は与野党とも何も言いません。だから、**高市早苗**さんたち保守・現実派が貴重なのは、この点をよく理解していることです。しかし自民党の中でそういう人たちは数が少ない。

山上　それが残念なところですね。

門田　高市さんは中国のことをよく勉強していますから、どの物資を出したらいけないのか、また軍事転用される可能性があるのはどれなのか……等々、すべてわかっている。こういうことを現実にわかっている人と、何も勉強していない媚中派との差はあまりに大きい。石破さんは後者の典型ですから、日々、日本の国益が損なわれているのです。

山上　アメリカでは、南シナ海の岩礁埋め立てと、2冊のベストセラーが与えた影響で、大きく変わったというのにね。

アメリカは変われた、さて日本は？

門田　いまのアメリカでは、少しでも中国に有利な姿勢を見せると、自分の地位がもたない。それくらい、中国に厳しい目が注がれています。完全にアメリカは変わりました。

決定的なのが2020年の3月4日に新華社通信が世界に配信した記事です。コロナ禍の最中に中国はこの記事で「中国に感謝せよ」と言い放った。どういうことかというと、「中国がこの新型肺炎に対して巨大な犠牲を支払い、莫大な経済的コストを費やして新型肺炎の感染ルートを断ち切った。この肺炎の流行で、どの国も中国ほどの犠牲を支払っていない。われわれに世界は感謝すべきなのだ」という内容の記事でした。

山上　あれにはみんなキレましたね。一番激怒したのがトランプですから。「とにかく中国が世界に謝罪すべきじゃないのか！　なんと馬鹿げたことか」。

そうして、一度目が覚めて厳しく見始めたら、いろんなものが見えてきます。ウイグルの人権侵害どころかジェノサイドまで。結局、ジェノサイドと認定できるかできないか紛糾しましたが、最後に認定しました。2021年の、トランプが辞める前の週でしたね。

門田　20年の選挙で負けてバイデンに代わる直前に、「ウイグル・ジェノサイド」と認定するのですが、それはアメリカ全体の怒りの現れです。「自由と民主主義と法の支配に対する最大の脅威だ」と。もっと早く気づいてほしかったというのが本音ではあります（笑）。

山上　苦労しましたよ。なんでアメリカはわかんないの？　と。WTO加盟問題で異議を唱えても、「中国はもうすぐ変わる、もうすぐ変わる」と言うばかり。変わるわけないじゃん（笑）。私がいたイギリスでもそうなのですが、欧米人、特にアングロサクソンは、どうしても中国を過小評価してきた傾向があるのは間違いない。ロシア、旧ソ連と比べて中国が脅威になるわけはないという思い込み。

私は衝撃的な経験をしたことがあります。ロンドンに赴任していたときに、**ジョン・スウェンソン＝ライト**という、ケンブリッジのアジア専門家がいる。少しインテリジェンスの匂いがするいかがわしい人物なのですが、彼が「あのチャイナマンが私たちにスパイ行為をするなんて信じられない」と言ったのです。「チャイナマン」というのは英語ではものすごい蔑称です。欧米人の金持ちの家にあるこの中国服を着た人形が飾られていたりして、あれを「チャイナマン」というのですが、「ジャップ」と同じような中国人に対する蔑称。「チンク」という言葉もあるのですが、これと並んでチャイナマンという言葉は、インテリは口にしない。彼はこの言葉を使った。「ロシア、ソ連は手ごわいけど、中国にそこまでの能力はないだろう」と見下していたのです。これが本音だった。でもそれが変わってきた。でも、アメリカはそこまで変わってきた。しかし日本はほんの一部以外、変われていない。

門田　そこが重要な点ですね。でも先ほども言ったようにＳＮＳの力で、日本国民の怒りが沸騰しつつある。SNSの訴求力は高い。それになぜ気付かないのか、気付かないのでなく、わかっているけど官僚も政治家も変えられない……。

山上　一つは、政府の中にいた立場からすると、外務省の人間はやはり、経済界の声を意識するんですよ。経団連なんかは「穏便にやってください」とプレッシャーかけてくるわけです。「中国一本足打法はいけない」と私は常々警告しているのですが、彼らもわかってないわけはない。「チャイナ・プラスワン（中国への依存度を減らすために、中国以外に投資、生産拠点を分散させる経営戦略）で行きましょう」という意識はあるのですが、まだまだ大きなマーケットである中国は捨てがたい。また、現地進出した結果、現地法人、工場もある。いたずらに対日感情に火をつけて、それが焼き討ちになんか遭ったらたまらないという発想もあります。自分たちに投石されたり、邦人が拘束されるのはごめんだと。

門田　だから「穏便に、穏便に」という意見になるんですね。

山上　そういう人たちが言ってくるのは、「アメリカは裏で中国と手を握っていますから、うかうかしてると出し抜かれますよ」という意見。ニクソンショックの後遺症からまだ抜け切れていないんでしょうね。日本政府がどんなに勇ましいことを言っても、どうせアメリカは裏で中国と手を握ってるんですよ、と彼らは疑心暗鬼になっています。「だから日本もアメリカ一辺倒では歪みが出てくるでしょう」というロジックになる。これが経済界の底流にあります。日経新聞などは、その意見を代弁しています。政治家も、この層を無視できないいんですよね。

中国に出し抜かれない強固な同盟を

門田　中国とアメリカは、アンダー・ザ・テーブルで手を握っているという意見は、アメリカ財界にもあるんですか？

山上　いや、それはもう個別具体論的にはあるかもしれません。何もやってないわけはないんです。ただ私なんかに言わせれば、だからこそ日米でしっかり協調していかなければならないということ。アメリカに出し抜かれないように、サプライズがないようにしていくのが同盟国だろうと思うのです。財界人や中国派は、「アメリカはいつ裏切るかわからないから、自分たちの利益を考えると、日本も中国と強いパイプを持っておいたほうがいい」という理屈をこねますが、そこに汎アジア主義のニオイがするわけです。

門田　でもそのロジックは破綻していますよね。現在のアメリカでは、中国と密かに深い関係があることが明るみに出たら、企業が倒産してしまうくらいの危機に陥ります。トランプ政権になって、その傾向がさらに強まっています。共和党も民主党も上院も下院も、全部その意向が強まっているから、一つの企業体が中国とうまいことをやるということが許されない時代が来ているというわけです。それなのに日本の財界が、日中友好、そして一緒に「win・win」の関係でいきましょうというのは、財界人たちが訪中して大歓迎されて、どんな接待を受けているのかと、つい想像してしまいますね。

山上　中国側に接待されて、いい気になって契約をしたりして、籠絡されかねない。

門田　だから日本はダメなんですよね。財界が表で自民党に圧力をかけ、安倍さんが呼び出されて昼食会に行ったら、全員が「中国のことをお願いしますよ」と要求され、さらに「中国と事を構えるのは絶対やめてください」と言われて、さすがの安倍さんもカチンと来たという有名な話があります。「財界はもう許せん！」と。財界人のその甘さがやっかいなんですよ。結局は自社の目先の利益だけですからね。

山上　「新幹線の技術が中国に盗まれる」と、新幹線技術輸出に猛反対したJR東海の会長・**葛西敬之**さんのような方は少数派でしたよね。

門田　そういえば、以前は日本企業が中国で稼いだお金は、中国国外に持ち出せないルールがありましたよね。だから中国国内に再投資するしかなかった。

山上　ようやくいまは少し緩和されてきたようです。企業によっては何%かは持ち出せるようになってきた。

門田　最近ですよね、持ち出せるようになったのは……。これは大きなネックだったけれど、数年前からだいぶ改善されているようですね。でも、利益を日本や中国以外に持って来られない投資って、一体なんだったんですかね？

日本は「対外情報庁」を作れ

山上　私は過日、経済人の前で国際情勢を話せと頼まれました。そのときに、「中国はみなさんが思っているような中国ではない。完璧に変わったんです」と話しました。垂大使が語るように、市場としての豊かな中国じゃなく、〝強い中国〟を相手にしていかなければならないと。いつ一方的にスパイの嫌疑をかけられて、拘束されるかわからない。

それで、どうしても中国に出張に行かなければならないときは、この2つを守ってくださいと。1つは単独行動しないこと。必ず3人とか、5人の集団で行動する。散歩でも街の視察でも、とにかく集団で動くように心がけること。２つ目は「個人のスマホとＰＣは絶対に持っていかないで、出張の間だけレンタルで特別なものを借りること。そうしないとスマホやＰＣの情報はすべて盗み取られるし、マルウェアを埋め込まれますよ」っていう話をしました。ですが、その話をしたにもかかわらず、ある財界人は「山上さんのお話はわかりますが、私は引き続き日中の関係のために働きたいんです」と、こんなことを言う人間がいるのです。日本人のビジネスマンの中にも、こんなに周回遅れの意識で、インテリジェンス・リテラシーが低い人物がいるんです。

門田　うーん、そこまで中国に毒されてしまっている……。

山上　ですから私は、対外情報庁をつくれと言っているんです。外交当局が情けないというのはその通りなのですが、やはり敵の出方を冷静に分析する役目の人たちが必要です。いまは弱すぎる。

門田　昔の日本は強かった、世界一流の情報力だったのですがね。

山上　警察官僚も外務官僚も自衛官も、守備範囲が限られています。敵のどこに弱さが潜んでいるのか、そこを突いてやったら敵は嫌がるなというところに攻め込む。そういう組織が必要だと思います。だから対外情報を専門的に収集するインテリジェンス・オフィサーを育成していくこと。つまり省益ではなく国益を考えねばならない時期に来ています。だからこそ政治が動かなければならないのに、関係者の情報への感度と関心が極度に低いので、遅々として進んでいません。現在の北朝鮮を例にすれば、ここは日本にとって最大の情報工作のチャンスでしょ。北朝鮮兵が金正恩《キムジョンウン》の意向ではるかクルスクやウクライナまで駆り出されて、挙句に戦死したり捕虜になる。「なんでこんなことに付き合わなきゃいけないのか」と、北朝鮮の軍人や関係者はみんな本音では思っているはずです。日本はそこを利用して、韓国・ウクライナと協力して一大キャンペーンを張るのです。場合によっては、北朝鮮内政の流動化につなげられ、拉致問題を揺り動かすいい機会になるかもしれません。でも、そういうことをいま、画策できる人が日本政府にはいません。ましては外務省にはまずいません。北朝鮮との国交正常化をどうするかなど、連絡事務所的な方向に行ってしまいかねない。

門田　その北朝鮮への、外務省の国交正常化ありきの姿勢というのは直らないんですか？

山上　直さなければいけませんね。まず優先すべきは拉致、核、ミサイルという懸案の解決ですから。その意味でも、国交正常化に走った平壌宣言直前の交渉記録が欠落しているのは信じられないですし、原因を徹底究明すべきです。

世界観が共通するのは、やはりアメリカ、イギリスだ

山上　ただ外交官を40年やった生身の体験として言うと、どこの国と話が通じるか。それは中国や朝鮮じゃないんですよ。東南アジアでもない。やっぱりアメリカ人であり、オーストラリア人であり、イギリス人なんです。世界観とか、ものの見方とかね。

それを日本人は本当に理解しなければいけない。中国が戦狼外交、反日教育で牙をむいたときこそ、やはり中国と適切な距離をとっていくという、昔ながらの日本人の知恵に戻るべきなんですよ。

門田　だから今回の石破首相なんかも、水産物の輸出解禁を一つの手柄みたいに思っていますが、水産物の禁輸は続けてもらっていいんですよ。「いくらでも続けてください、あなたたちが美味しい日本の水産物を食べられないだけのことですから」と言えばいいだけのことです。そんなことより、日本が要求しなくてはならないのは、不当拘束の邦人を解放させることであり、尖閣諸島問題ですよ。農水産物の禁輸解除は、その「次」の問題です。そんなことさえわかっていない。

石破首相は安倍さんの「価値観外交」の真反対の価値観ですから始末が悪い。靖國参拝反対論者である読売新聞社主の**渡辺恒雄**さんが亡くなったとき、「先の大戦やいろいろな日本の歴史観について教えていただくことが多かった。まだまだ教えていただきたかった」とコメントしている。つまり靖國参拝は反対なんです。しかし、なぜダメなのかは、はっきり言わない。例えば「靖國参拝は隣国の反発を受けますからダメです」と明言したら、まだわかりやすいが、決してそうは言わない。そんな人物が「80年談話」とか「戦後80年メッセージ」とか、あり得ないですよ。いつまでも中国と韓国に〝歴史カード〟を持ち出させる「根拠」をつくりたいわけです。とんでもないですね。

そのうえ石破首相は、「NATOの東方拡大の意味は何なのか」とまで言う。しかし、NATOは領土的野心を持って東方に拡大しているのではなく、周辺諸国がこのままだとロシアに侵略されかねないからNATOに逃げ込んでいるだけのこと。一体、どういう見方をしてるのか、頭の中身を疑う。

山上　それは主権国家の意思ですからね。フィンランドにしろ、スウェーデンにしろ、これまで中立だった国までNATOに加盟していった。

門田　こっち側は攻めない。向こう側が攻めてくるからNATOに逃げ込んでいるわけです。だからこの人の世界観は、ひどいもんだと思いますよ。

「台湾関係法」を整備して中国との付き合い方を見直せ

門田　一方で、台湾侵攻が現実になるかどうか、その対処方法も明確でない。〝終身皇帝〟を狙っている習近平は、台湾統一が悲願であることは間違いない。ただ、現実の話になると、本当に人民解放軍は台湾海峡を押し渡れるのか、という問題もあります。台湾は中国の侵攻に備えて、世界トップの性能を誇るマッハ２以上のスピードの地対艦ミサイルを持っている。それで、世界最大の〝一人っ子部隊〟である人民解放軍の兵士が次々、台湾海峡の底に沈んでいったとしたら、その親たちが果たして黙っているのか？　習近平体制は持ちますか？　という話なんです。

私は、人民解放軍が台北を突く場合、必ずここから上陸するだろうと言われる「八里が浜」を視察してきました。中国は**頼清徳**総統の斬首作戦を狙っているので、そのためには、ここから上陸するしかない。私は、台湾軍の関係者に無理を言って連れて行ってもらったのですが、さすがに、広い浜辺に人っ子一人おらず、不気味な静寂を保っていました。淡水河の河口ですが、誰もその浜には立ち入らないんです。

山上　その意味でも、日本は「一つの中国」の見直しをするべきです。これはニクソン、キッシンジャー・フォーミュラなんですよ。1970年代初頭の日中国交正常化のときはそれでよかったかもしれないけど、その後50年経っている。台湾という実態は、ほぼ主権国家として、まごうことなく存在しているわけですよ。実際にいくつかの国とも外交関係を持っています。

しかし中国はいつまでも「一つの中国」を主張して、2022年8月、ナンシー・ペロシ下院議長が訪台したときは怒ってみせて、軍事演習で台湾海峡にミサイルをぶち込んだ。「いつでも平和は壊せるんだ」と見せつけるような中国の姿勢を目の当たりにすると、むしろ、「一つの中国」というものから、われわれは脱却しなきゃいけない。

門田　その提言の意味は大きい。

山上　この前、オーストラリアで、あるシンクタンクの会合に出たとき、アメリカの識者が語っていたのは、中国が台湾海峡で軍事行動に出たときが一つのチャンスだと。常識があれば、いきなり海峡を渡るほどの愚挙はまずしないだろうけど、まず手近なところで、例えば金門・馬祖を掌握しようとするでしょう。

門田　金門・馬祖は、取ろうと思えばすぐに取れますね。

山上　そのときに、「平和的解決を、あなたたちは放棄したんですね」と通告する。「台湾海峡問題を平和的に解決するという前提で、われわれは台湾が中国の一部であるという立場を理解し尊重すると言ってきたけれど、それを中国が放棄した以上は、〝一つの中国〟を見直させてもらう」と。

門田　おっしゃるとおりで、大チャンスですね。

山上　それで「台湾を国家承認します。台湾と外交関係を結びます」とする。これは中国に対して最大のパニッシュメント（罰）にもなるし、中国がそういう軍事行動に出ないための、抑止力を高めることになる。アメリカの何人ものシンクタンカーがこの議論をし始めています。これこそ日米が足並みを揃えるべきことです。

門田　例えば、台湾に「こういう可能性があるんだよ」ということは、抑止力的にはプラスですよね。

山上　台湾に伝えるだけでなく中国にも。アンダーグラウンドで伝える方法もあるけれど、むしろ、公の場で表明してもいい。

門田　「一つの中国」が変わるということは、両岸関係に決定的な変異をもたらす。素晴らしいアイデアです。その機に乗じてやるというのは大賛成ですね。

山上　実は、**栗山尚一**という人物がいます。いいことを言っています。彼は日中共同声明の時の条約課長ですが、彼が残したいろんな文書の中で「台湾が中国の一部であり、北京の政府が唯一の合法的な政府というのは、台湾海峡自体が平和的に解決されるという前提の下なんだ」と言っている。これは重要な指摘ですよ。

門田　これは「栗山理論」とか、名前はないんですか。

山上　それはない。でもそれは、当時の人から見れば当然の前提だったのかもしれない。

門田　それを前提にすると、日本版「台湾関係法」を策定する必要がありますね。台湾派の人たちが、いつも「どうしてもやりたい」と言いますが、いつまで経っても実現しない。保守・現実派の人たちが、例えば高市政権が樹立されたら、機運を盛り上げられないですかね。

山上　台湾関係法に、どんな内容を盛り込むかですよね。

門田　さっきの話と対立するかもしれないけれど、アメリカの場合は、「一つの中国」を主張する中国の姿勢を容認しながら、一方では、国内法で台湾関係法を作って、それで台湾との関係を深めてきた。日本も国内法を制定して、台湾との関係を上げていく。日台交流の根拠をつくり、正々堂々と付き合えばいいんです。台湾事務所代表は、いまは**片山和之**さんだけど、**泉裕泰**さん、その前が**沼田幹夫**さんでしたよね。彼らにも頑張ってほしい。

山上　沼田、泉、片山と……。はい。

門田　政治家も大使も、熱心にやっている人はいるけれど、一方で、議員は訪台しても蔡英文前総統や頼清徳総統と写真を撮って握手して終わり。選挙に利用するだけです。やはりアメリカのように台湾関係法をつくって、積極的に台湾と交流する根拠をつくるべきです。とにかく法案を出す、出しましょう、形として。

台湾への軍事支援の重要性

山上　必要ですよね。私は、アメリカのように日本が軍事支援をするとか、さすがにそこは法律に書き込めないと思いますが。でも現実の法律事項の障害を一つ一つ除いていくことも大事です。いま台湾と日本は国と国との関係ではないから、外国に対して適用される法律が台湾に対して適用できないという事態が生じているのです。

わかりやすく言うと、台湾の東京にいる代表には外交特権がない。だから税金も治めなきゃいけない。外交関係の開設には至らないまでも、国内法上で、実質的に台湾を国として扱うことが必要です。このための台湾関係法というのは意味があると思います。いまは、一回、一回、特別な扱いをしなければなりません。そんな対台湾関係に風穴を開けないといけません。そうでないと、台湾を輪の中に入れることができない。

門田　台湾が落ちたら、日本は終わりですから。この認識を徹底させないと。「台湾有事を絶対に起こさせないため」の意識改革です。

山上　そうですね、その通りです。

門田　先ほど述べた中国人、数日前に飲んだ彼ですが、さっきのような横暴な物言いもするのですが、もう一つ面白いことを言っていました。中国の仲間と飲み会になったときに、「おまえ、台湾とやって勝つこと前提にしてるの？　負けたらどうすんだ」と聞いたら、全員が黙ったというのです。要するに中国の一人っ子部隊が台湾に侵攻しようとしても、台湾軍、さらに米軍の地対艦ミサイルがバンバン飛んできたら、どうするんだ、戦死者が増えていって、果たして習近平体制は維持できるのか、と。国内世論も沸騰するでしょう。それを抑えながら、最後まで戦争を遂行できるのか。失敗することをまったく考えていないから、全員にその「現実」が浮かび上がってきたんでしょうね。

山上　素晴らしい質問ですね。アウト・オブ・カウント、「それ考えてなかった」ってやつ。負けることは考えてないから(笑)。

門田　それで彼はこう言ったそうです。「おまえら、それだったら最初から核攻撃しかないじゃないか。台湾2300万人、これに消えてもらうくらいの覚悟があるのか。その覚悟がないなら、台湾侵攻なんかしちゃだめじゃないのか」と。

山上　ワシントンのシンクタンクが、何年か前に、米日台湾は23戦で21勝2敗というシミュレーションを出しましたよね。

門田　そうそう。その2敗というのは、米軍や自衛隊がさまざまな妨害に遭って駆けつけられないケース。それが2ケースだけあって、そのときだけ中国が勝つ。他は21敗すると。

山上　他のシンクタンクも台湾有事のシミュレーションはやっています。だいたい共通の結果として出てきているのは、やはりアメリカの初動が遅れたり、日本の協力が得られなくて在日米軍基地が使えない場合は、塩梅が悪くなるんです。逆に言うと、日米が結託して協力して迅速に動けば、まさに中国が負ける。それを常態にしておくことが中国の冒険主義を抑止する最大の力になるのです。

門田　だからそれで、「お前ら2300万人殺せるの、核攻撃の覚悟はできるのか」と。

山上　「できる」と言いそうですね。「1億ぐらいの犠牲はなんてことない」という毛沢東の言葉があるような国ですから(笑)。

門田　いや、そのときは台湾の中距離ミサイルが三峡ダムを破壊するし、上海を壊滅させるかもしれない。完全に第三次世界大戦の勃発です。この世の終わりですね。しかし、そこまでして台湾を攻撃するのか、という話なんです。

山上　中国人は日本人よりはるかに計算高いところがあるので、負ける戦争はまずしない。勝てると睨まないと兵を動かさないという印象があるのです。反対に大日本帝国は、ハルノートで極限まで軽んじられたとき、まさに乾坤一擲《けんこんいってき》と勝負に打って出た。死ぬことに美を見出すという日本人の特質からです。中国にはそのカルチャーはないはずです。実は、そこを日本は利用すべきなんです。大いに計算させて、で、「帳尻合わないじゃない」と言い続けていくのです。

門田　確かにいま、三代連続で国防部長、要するに国防大臣が更迭され、党中央軍事委員会副主席の**張又侠**《ちょうゆうきょう》と**習近平**との緊張関係がささやかれています。ほんとにその抗争があるのか、真偽は定かではないですが、張又侠は習近平が引っ張り上げてきた人物です。小学校、中学校の同じ地区の先輩・後輩です。そこで「どんなことがあっても張又侠は習近平を裏切らない」と言われていたのが、この台湾有事をめぐっては「対立」が取り沙汰されている。軍内部と習近平との意見が合わなくなっており、それで更迭が続いているのではないかという見方があります。これはさらに情報収集が必要ですが……。

中国を恫喝できる戦略を立てよ

山上　先ほど、万が一、台湾海峡で中国が武力に訴えて、例えば金門・馬祖を取りに来るとしたら、「〝一つの中国〟は終わるよ」と言ってみせるという戦略もあると話しました。

中国が言う「平和解決」を自ら放棄したんだからということで。要するに「中国が平和的に台湾問題を解決するのであれば、日本は台湾が中国の一部で、北京政府が唯一の合法的な政府という立場を尊重する。しかし現状を崩したのであれば、こちらも態度を変えましょう」と、これぐらいのことを言うのがほんとうの外交だと思います。

門田　それが外交の基本中の基本ですよね。先ほども述べたように、石破首相は「日中共同声明の原点に立ち戻る」なんて、言ってはいけないことを口にしている。「立ち戻る」とはつまり「共通の敵＝アメリカに立ち向かう」ということ。台湾有事が懸念されている時期に、それ、言っちゃいかんでしょう。その程度のレベルなんです。だから安倍元総理大臣が、「こいつだけは首相にしてはいけない」と語っていたことが頷けるのです。左翼思想の持ち主というだけでなく、基本がわかっていない人間だからです。それを年末に会った元閣僚にぶつけたら、「いや、そう言うけどさ、**村山富市**も**鳩山由紀夫**も総理をやっている。それに比べたらまだまし。首相ってこんなもんじゃないの」みたいに言っていた（笑）。

山上　でも、笑い事じゃないですよね。

〝正義の味方〟が一人残っている

門田　でも救いは〝正義の味方〟がまだいることですね。石破の後ろにいる人物が……。

山上　ああ、経済担当の外務審議官に起用された**赤堀毅**ですね。事務次官級に当たります。彼は私の5期下で、民主党政権下で松本剛明が外務大臣のとき、外務大臣秘書官をやっていました。私が国際法局の審議官のときに、私の下で条約課長をやっていて、フレンチ・スクールの逸材。彼は上に対する進言をためらわないから、**菅義偉**《すがよしひで》が官房長官のときに嫌われました。大阪でG20をやった際、事務局長をやっていたのが赤堀でしたが、一時、菅官房長官から出禁のような扱いをされてしまって。菅は好き嫌いが激しいですからね。私も嫌われていたけれど……。

門田　赤堀氏は、どういうところが嫌われたのですか？

山上　要するに、直言するので生意気だとか。

門田　そのレベルですか（笑）。

山上　菅は、下手《したて》に出る役人はかわいがって、ちょっと鼻っ柱が強い人間は嫌う傾向があります。赤堀もそれでとても苦労して、次官と一緒でなければ官房長官室に入れない状態が続いた。そういう苦労をしている人間だから、石破の側にいる人間としては最上の部類。

門田　赤堀が言えないようなら、ほかの誰も言えないです。

山上　言っても通じないということも（笑）。

門田　確かに（笑）。石破は「外交マナーって、そんなもんですかね」なんて言って、素直に人の意見を聞かないところがあります。まして下僚の言うことを聞かない体質の持ち主。しかも肝心なときに逃げちゃうので、霞が関では**石破茂**じゃなくて「石破逃げる」（笑）。

門田　以前からそう。石破を知る人はみんな、怒っていますから。三井銀行時代の上司だった人によると、まったく使いものにならなかったとか……。

山上　そういうのが政界でえらくなっちゃうって、どうなっているんでしょうね。それは**林芳正**についても同様。彼とは東大法学部の同級生なのですが。

門田　卒業年次が一緒？

山上　そうです。でも彼は、年は私より1つ上だから、一浪か留年したのかもしれません。ただ、あの当時の東大法学部で、司法試験も国家公務員試験も外交官試験の勉強もせずに、いきなり三井物産に入社というのは、はっきり言って二線級とみなされている。慶應とか一橋とは校風が違う。東大法学部はやはり「官学」ですからね。

門田　そうですね、すると一応、これらのどれかは取っておかないと、という感じ？

山上　そうそう。原則は、国家のために働きたいっていうことで東大に来ているのですからね。それはともかく、三井物産の彼の同期に聞くと、「とにかく合コンが好きだった」そうです（笑）。

唯一の救いは「影の首相」の存在

山上　そういう人材が政権を担っているなんて、余計に心配ですよ。それが岸田、石破外交の最大の負の側面だと思いますね。

門田　せっかく安倍さんが対中包囲網戦略を立てたのに、その意思を受け継いでいない。

山上　安倍さんは中国の話ができたから、欧米の首脳も、安倍晋三が中国をどう見ているかを聞きたがったのでしょう。だから日本に続々と各国の要人が来た。ところが、岸田も石破も中国について語るべきものを持っていない。すると来なくなっちゃう。で、日本の国際的な地位がどんどん低下していく……。

門田　ただ、石破首相が訪米したときの通訳をつとめた**高尾直**《すなお》さんは、トランプから絶大な信頼を勝ち得ているとか。

山上　彼は日米地域協定室長かな？　北米局の。本来、通訳は肉体的にもタフでなければならないし、出張も行かなければならないので、首席事務官クラスの課のナンバーツーになると、通訳の役目を免除されるのです。だけど高尾君の通訳としての能力は群を抜いていたし、安倍さんが高尾を重用していたので、安倍時代は高尾は首席事務官でありながら、ずっと通訳をつとめていました。石破さんがトランプと会談するとき、高尾を連れていけば、石破さんのマイナスを相当程度、補ったはずです。

門田　トランプからの覚えがめでたいですからね。

山上　彼はトランプだけでなく各国の首脳にも気に入られています。オーストラリアのトニー・アボット首相も、「直、直《すなお》」って、「直の通訳、よかったよね」と、私にも何度も言ってきました。

門田　やっぱり語学力だけじゃなくて、人柄なわけ？

山上　人柄は抜群です。語学の能力はもちろん高いのですが、それ以上に声がいいんですね。声とテンポ。声がよく通る。うるさくないし、偉そうでもないし、ちょうどいいバランス。だから高尾の通訳を聞くと、なんとなく背筋が伸びる。

門田　すごい人だな。

山上　だから私も本で書いたのですが、実は安倍さんは日本語の活舌がよくない。話す内容はいいのですが……。

門田　安倍さんは口角というか、顎が小さくて、活舌がよくないんですよね。

山上　たぶん顎が小さいから、舌が納まらないんですね。それに比べると、高尾君の英語っていうのは通りが良くてテンポがいい。メリハリが利いている。すると、しゃべっていることがすごくりっぱに聞こえるわけ。だから石破話法であっても、高尾が訳せば、それなりの英語にはなるかもしれない。ただ、石破さんの問題は、「評論家タイプ」だから最初に結論を言わないと。あの話法でやっているかぎり、いくら通訳が優秀でも、トランプはしびれを切らすと思う。「おまえ、何を言いたいのか」と。

門田　高尾さんをしても（笑）。高尾さんがもう勝手に言うしかない（笑）

山上　石破さんは、最初に結論を言ってもらう癖をつけて欲しいですね。

門田　いや、これ、高市政権ができたら、高尾さんがまた、重要な役どころとして、官邸に引っ張られるかもしれませんね。

山上　だから高尾はいろんな役割を果たしたらいいと思います。

問題はいまのワシントンの日本大使館です。先ほど日本製鉄の話を見ても、ワシントンの日本大使館はもっと機能しなければいけません。人脈づくりも対外発信も。その点に関連した大きな問題は、ほかの多くの国に駐在している日本大使と一緒なのですが、現在の**山田重夫**大使は、単身赴任なのです。ワシントンの大使公邸ほどりっぱな大使公邸はないんです。だったら、あそこにトランプピープルを呼んで、人脈をつくればいい。いかなる事情があるにせよ、単身赴任はもったいない。

特にトランプ政権の人間は、奥方がみんな、キャピキャピしたバービー人形のような人が多い。「おいしい日本食を召し上がりにきてください」と日本大使公邸に呼んで、「将を射んと欲すれば馬を射よ」作戦をすればいい。奥方をいい気持ちにさせて日本の大ファンにさせるという戦略が、いま立てられるわけです。旦那方だって、**マルコ・ルビオ**とか、**マイク・ウォルツ**とか、日本に理解が深い人がたくさんいますから。ところが、単身赴任では奥方連中を呼びにくい。一事が万事、こんなにチグハグなんですよ。

「逆回線の電話」をつくるのが外交官の役割

門田　ところで、山田大使はなぜ単身赴任なんですか？

山上　詳しくは知りません。奥さんが仕事をしていて日本を離れられないという説もあります。最近はこういう例が増えて、ワシントンだけでなく、キャンベラの私の後任のオーストラリア大使もそうですよ。ほぼ単身。そこでは料理人が辞めてしまったこともあって、公邸で宴会も開けない期間が続いたと聞かされました。そもそも大使ポストなど2〜3年なので、全力で駆け抜けるくらいの気概がないと成果は上がりません。

門田　料理人がいなければ、外交ができないでしょ（笑）。

山上　片肺飛行というか、フルに発揮する環境にない。せっかく国民の税金で立派な大使公邸をつくってもらって、公邸料理人制度で、給料の何割かを公費で持ってくれるのに。

門田　半分は自分が払うらしいですね。

山上　大体そうです。だけど、それは大した額ではない。大使はそれなりの給料をもらっていますから。ただ、大使公邸での設宴の効果は絶大です。私のときも、セルリアンタワー東急ホテルから来てくれた小形禎之料理人の腕前が評判を呼び、3人の元首相、閣僚は15人ぐらい次々に来てくれました。そうすると、そのあとが全然違います。電話一本で、物事を頼めるようになるし、ギブ&テイクの関係ができますから。

門田　電話一本の関係、マスコミで言うと「逆回線の電話」と私、よく部下に言っていました。親しくなると、向こうから電話が来て「こんなネタがあるぞ」と教えてくれる。それが「記者の求心力」というものです。

山上　どこの世界でも、それが基本中の基本ですね。

外務省を「ガラガラポン！」

門田　しかし、そんな話を聞いていると、山上さんは、従来の外交官の殻を完全に打ち破ってきた人ですね。

山上　大した人間ではないですが、ガラガラポンしたくて、中から変えてやろうと思って外務省に入りました。外務省は公器ですから、左翼、媚中派の牙城にしてはいけない。まだまだ、しっかりした志を持った人間が、少数派ながらいます。彼らが元気になれるように背中を押してあげる存在が必要だと思います。そして、中国にちょっと厳しいことを言っただけで後ろから弾が飛んできて、「あいつ、ダメだ」と出世コースから外されるようなことがないように、しっかりと守ってやる。

私にも、守ってくれる人がいました。入ってから、外務次官やアメリカ大使を歴任した**村田良平**さんの本などを読んで、「あ！　えらくなった人でも、こういうものの考え方の人がいるんだ」と元気をもらったんです。先ほども述べたように、「よく潰されませんでしたね」と言われた割には、局長ポストを2つやらせてもらって、オーストラリアまで行かせてもらった。そういうふうに生き永らえることができるのだから、そういう人間を増やしていくことが大事。そうすると初めて日本外交、変わっていくと思います。

門田　そのためには、いかに高市政権が、それも長期政権が重要かということになります。保守・現実派政権ができたとして、それが安泰なら、外務官僚に安心感を与えます。「中国と毅然と対峙しても大丈夫だし、出世もできるし、きちんと地位を与えられていく」という意識が定着していったら、まともな外交姿勢が示せます。でもいまの石破、岩屋の下では、それは無理。すぐ飛ばされちゃう。

山上　本当にそうですよ。大臣自身が媚中をやっているのですからね。

門田　すると、その「外務省ガラガラポン」の方法。どういうふうにしたらいいですか？

山上　外部人材の登用、民間大使を使えとよく言われるのですが、これまで民間大使でうまくいった例のほうが少ないのです。典型例が伊藤忠出身の**丹波宇一郎**氏。

門田　最悪ですね。もう尖閣問題、歴史問題に対する理解が、まさに中国寄り一辺倒でした。

山上　彼のような方はご遠慮願いたい。ますます劣化してしまいます。だから私は、いきなり民間から大使を起用するよりも、外務省以外の人材が若いころに、例えば一等書記官とか参事官の時代に、一度、在外公館を経験させるというシステムがよいと思っています。そこでしっかり仕事をした人に、将来大使になってもらう。こういうリボルビング・ドア的なシステムです。それも外務省だけで完結する人事ではなく、他省庁でも商社でも、メディアでもいい。要するに幅広く行ったり来たりして、それで外交力というものを国全体として高めていく。

はっきり言って、例えば政治記者で外交関係を取材している人なら、即戦力の人は何人かいると思います。すぐ顔と名前を思い浮かぶ人もいます。そういう人に一度、外務省の仕事を経験してもらう。在外勤務でなくても外務本省勤務でもいいかもしれない。そういう人が長じて大使としても来てもらうということをやっていけば、日本の外交力は相当アップするはずです。

外交をやりたいという人は、実は多いんですよね。私の同級生で、金融界で成功した人間から、何人もに言われました。可能だったら、一回、やってみたいという人は多い。

門田 そういう人材を活用しないのは、まことにもったいないですね。だけど、いまのお話を聞いていると、希望が見えないですよね。上のほうが全部、淀んだ人材に占められていて、そんな改革なんかできるはずもない。そもそも気概とか、歴史的な常識とか、そんなものを教えるような体制も組めないだろうし。

山上 でも、それこそ例えば外務研修所で、年中、講義をやっているので、そこでそれこそ、門田さんに教えていただくとか。

門田 私なんかが行ったら、もうすごいことになる（笑）。

山上　いや、門田さんや**櫻井よしこ**さんのような方に来てもらってやればいいのに。外務省が声を掛けるのはね、**船橋洋一**などリベラルな傾向の人。

門田　船橋洋一さんは、民主党政権時代に外務大臣候補と目された人ですね。

山上　彼は当時の**田中真紀子**外務大臣に「自分を駐米大使に」とねじ込んだという、有名な噂がありますね。

門田　外務省の中では、国益に対する意識というのは教えないんでしょうか。外交官が最優先すべきなのは日本の国益のはずです。

山上　もう自分の部署でやるしかない。私は局長時代も課長時代にも、この手の話はオフィスでもするし、オフィスの外の飲み会とかも昼飯のときも話していました。けれど、系統的な教育はない。個人商店任せです。本来は研修所でしっかりやるべきです。研修所では、最大公約数的な、無害なというか世間体に聞こえのいい、おざなりのことをやっているだけ。

「台湾には優秀な人材を送らない」という林元外相の暴言

門田　しかし山上さんの場合、豪州大使の次に、例えば駐英大使とか、駐米大使などの内示はなかったのですか？

山上　次のポストは打診がありましたが、到底受け入れられないものでした。オーストラリアより格下のポストのオファーだったので、豪州にとっても失礼な話でした。台湾情勢に不穏なものを感じていた私は、「聞こえの良いポストには拘《こだわ》らない。ガンガン仕事をしたいから台湾に出してくれ」と啖呵を切ったんですよ。役人人生、最初で最後の嘆願でした。

門田　台湾はとても重要なポジションなんだから、やりがいはある！

山上　そうしたら「否。台湾には優秀な人間は送らないんだ」と、当時の林芳正外相が認めなかったと聞かされました。私が優秀かどうかはともかく、いま門田さんが言われたのは至極ごもっともで、現下の戦略環境にあって台湾を軽視するような暴言は許せないです。結局、退官することになって、「垂は3年程度」「山上は2年半も経たずに替えられた」と、周囲は見ます。「二人とも大使ポスト1か所で、2つ目の大使ポストをやることなく外務省を去っていった。これはやはり一つの大きな〝教訓〟だ」というわけです。

門田　やっぱり中国に対してズバッとものを言う人間は、外務省では長くいられないんだ。それがおかしな教訓になってしまった……。いやしかし、台湾行ってほしかったよね。でも格が違うから、ニュースになって、マスコミに騒がれては困ると、林は考えたのかな。

山上信吾を外務大臣にしよう！

門田　でもここまで、元大使が赤裸々に語ってくれるのは前代未聞ですね。

山上　私はいつ倒れてもいいと思っています。わずかばかりの財産は、すべて家内にいくようになっていますから。これだけ本を書いて、言いたいことを世の中に残していければ、もうそれで十分。

門田　だけど、あの……絶えずまわりに気を配ったほうがいいですよ。

山上　地下鉄は乗らないようにしています（笑）。

門田　それと、高市政権など保守・現実派政権ができたときには、山上さんはすごく影響力あるから、大臣、あるいは補佐官などになってほしいですね。

山上　私は対中喧嘩要員でいいですよ。むしろ国際社会を舞台にしてもらえば、そこで舌戦を繰り広げます。

門田　うん。第一次高市政権では補佐官で、第二次政権では外務大臣。

山上　とんでもない。それは政治家の役割です。そんなことになったら、日本外交は大変なことになっちゃう。中国と犬猿の仲になって、ますます牙を剝いてくる。喧嘩は望むところですが（笑）。

門田　要するに、国益を考えられない外交官は不要だということを大前提にしてほしいね。

山上　いやあ、外務省はほんとガラガラポンして変えないとダメですよ、いまのままじゃダメ。実は今度、**船越健裕**《たけひろ》という後輩が次官になったんですが、彼の裏についていると評されてきた政治家、ご存じですか、なんと、**鈴木宗男**氏ですよ。

門田　ええ？　親ロシアの代表格の……。

山上　彼は鈴木宗男官房副長官のときの秘書官ですから。だからもう鈴木宗男の影が見え隠れしていると言われるのです。

門田　鈴木宗男さんはまだ、事務次官をつくれるくらいの力があるんですか。

山上　鈴木宗男自身がつくれたとは思わないですが、そういうものに忖度している向きがあるんでしょうね。そして鈴木宗男と佐藤優は、いまだにやっぱり官邸に影響力を持っていると言われています。それも船橋洋一の本にも出ていましたけれどね、安倍官邸にも影響力を持っていたし。その後も、**秋葉**国家安全保障局長なんかを通じて働きかけをしてたと言われているんです。また宗男氏が前面に出てくるかもしれない……。

門田　ああ、国後島の「ムネオハウス」のときみたいにね。「友好の家」と名付けられて、日本人と北方領土に住むロシア人がビザなし交流する拠点だった。

山上　日本政府が4億円超の資金を出して完成させたものですが、当時、衆議院議員だった鈴木宗男氏の秘書による入札妨害事件の舞台になりましたね。

門田　いまはロシア企業に転売されて、中国人観光客のツアーがよく訪れているといいますね。

山上　娘の**鈴木貴子**氏が外務副大臣を務めたこともご存じのとおりですね。だからロシアは大喜び。中国どころじゃない。ロシアも喜んでいる。

門田　すごいですねえ。では当然、今度の外務省のトップは鈴木宗男氏の秘書官だったというのは、みんな知っているわけですね。

山上　当然そう。彼は、政治家に警戒感を抱かせない朴訥《ぼくとつ》さと粘り強さが持ち味である一方、とても今の時代に対外発信を切り盛りするようなタイプじゃありません。

門田　しかし、そんなことをしていたら、日本外交が立ち行かないのは明らかなのに。特に対中国では余計に……。

山上　ほんとに心配です。オールジャパンで乗り切らなければいけませんね。

門田　みんな、この本を読んで絶望してしまったら、日本はお先真っ暗ですから。やはり山上さんに、これからも歯に衣着せぬ発言をドシドシ、やり続けてもらうしかないですね（笑）。ますますのご活躍、祈っております。

おわりに　眠れる日本よ、覚醒せよ

前駐オーストラリア大使
山上信吾

当事者の自分が言うのは憚られるが、実に爽やかな対談だった。

週刊誌の編集記者出身の門田隆将さんと外交官出身の私。普通であれば、その二人の人生の軌道が交わることはまずない。外務省時代、週刊誌記者と面識を得ることは、ごく限られた例外を除けば無かった。「週刊誌による取材は報道課を通じて」というのが鉄則であり、直接相対することが避けられていたからだ。

首席事務官、課長、参事官、審議官、局長と出世の階段を上がるにつれ、外務省の幹部が付き合うジャーナリストは、外務省に設けられている記者クラブたる「霞クラブ」に所属している大手メディアの記者が殆どである。具体的には大手新聞社、通信社、テレビ局ということになる。霞が関のどの省庁でも取っている記者クラブ制度のなせる業だ。

退官して野に身を置き、評論活動を行なうようになって以来、如何に自分がぬるま湯に浸かって守られていたかをしみじみと理解できるようになった。というのも、外交評論を行う中で付き合う月刊誌、週刊誌、地方テレビ局、インターネットテレビなどで活躍する関係者は、官僚時代に相手をしてきたジャーナリストとはかなり異なるからだ。

誤解を恐れずに言えば、片や動物園で飼いならされた行儀のよい動物であり、もう一方は獲物を捕まえることに熱心な野生動物と言ったら語弊があるだろうか？

今回の対談は、そういった記者としての野性を失っていない門田さんとの対談であったからこそ、歯に衣着せず肝胆《かんたん》相照らすやり取りになったのではないかと受け止めている。

門田さんと話していてまず驚かされるのは、その圧倒的な取材力と博識である。

今回の対談でも、日中国交正常化に至った舞台裏の話の開陳こそ真骨頂であり、門田ワールドそのものだ。日中関係に携わる人間の必読書である名著『日中友好侵略史』（産経新聞出版）を彷彿させる切れ味鋭い語り口は、多くの読者を唸らせることだろう。

第二は、組織にとらわれない自由な思考だろう。

現役の官僚時代、朝日新聞を筆頭とする主要新聞の記者が私のところにしばしば取材に来た。彼らの熱心なアプローチ振りは、私が条約課長の時でも、茨城県警警務部長時でも、経済局長時でも変わらなかった。彼らが私を招いてくれた宴席では、しばしば「自分の意見は朝日の社論とは違います。個人的には山上さんの意見に共感します」などと「吐露」されることが多かった。そんな彼らは、私が役職を外れ、野に出て自由に言論活動を展開するようになると、ベストセラー本を何冊出そうとも、二度と私に寄り付かなくなった。何のことはない、社命を負って有力な取材源に近づいてネタを取ろうとしただけであって、社論にそぐわない一評論家の意見などに関心はないのだ。こうした連中が石破総理の訪米に同行し、日本の総理大臣がトランプ大統領から散々皮肉と当てこすりの嵐を浴びせられようが、日本にとって喫緊の課題の関税引上げやウクライナ戦争を取り上げるのを避けようとも、「首脳会談は成功であった」と囃し立てることになる。これこそ、「オールド・メディア」の実態だ。公正で客観的なジャーナリストというよりも、社論をプロモートするアクティビスト。だから、多くの国民が離れていくのだろう。

ひるがえって、門田隆将さんはそんな御用メディアとは対極の存在だ。だからこそ、古巣批判を躊躇《ためら》ってきた外交評論家に疑問を呈し、永田町・霞が関にはびこる媚中勢力を一刀両断できるのだ。

「これほどあけすけな議論が出来るとは。本当によかった」

対談が終わって門田さんにかけられた言葉だ。

私の方こそ、感謝すべきだろう。門田さんだからこそ、ここまで率直に話をすることができたのだと感じている。

その意味では、この対談を実現してくれたワック社の鈴木社長、佐藤編集長らに深く感謝している。

日中国交正常化のからくりは門田さんの解説に譲るが、長年「日中友好」「戦略的互恵関係」というお経を唱えては、個別具体的問題の矮小化を図ってきたのが日中間のいびつな関係だ。その上で、「岸破政権」の下、日中関係者は益々その異形ぶりを際立たせている。

日本の排他的経済水域にミサイルを5発も撃ち込まれようが、福島原発の処理水を核汚染水などと喧伝されて日本産水産物を全面輸入禁止されようが、在留邦人が何度も切りつけられ10歳の男児が惨殺されようが、靖國神社を凌辱されようが、領海・領空を侵犯されようが、「遺憾」を繰り返すだけだ。怒るべき時に怒れず、言うべきことを言えない日本外交。

こんな今だからこそ、門田さんとの忌憚のない意見交換には測りがたい価値があると信じている。

日本全国を講演行脚する中で、こうした対話こそが多くの国民が求めているものだと肌身で感じてきた。

この本が眠れる日本を覚醒し、日中関係を真の意味で正常化することを期待して止まない。そして、今の中国共産党からは「井戸に毒を盛った」と必ずや忌避されるであろう門田さんと私のような論者が、時代が変わって、「新たな井戸を掘った人」として心ある中国人からも正当な評価を受ける時代が来ることを、期待値を低くしつつ待っている。

令和7年4月吉日

門田隆将（かどた　りゅうしょう）
1958年、高知県生まれ。作家、ジャーナリスト。中央大学法学部卒業。『週刊新潮』元デスク。『この命、義に捧ぐ―台湾を救った陸軍中将根本博の奇跡』（集英社、のちに角川文庫）で第19回山本七平賞受賞。『死の淵を見た男―吉田昌郎と福島第一原発』（角川文庫）、『なぜ君は絶望と闘えたのか―本村洋の3300日』（新潮文庫）、『新・階級闘争論』（ワック）、『疫病2020』『日中友好侵略史』『尖閣1945』（ともに産経新聞出版）などベストセラー多数。最新刊は『「左翼革命」と自民党崩壊』（ワック）。

山上信吾（やまがみ　しんご）
1961年、東京都生まれ。東京大学法学部卒業後、84年、外務省入省。コロンビア大学大学院留学を経て、2000年、在ジュネーブ国際機関日本政府代表部一等書記官、その後、同参事官。北米第二課長、条約課長を務めた後、07年、茨城県警本部警務部長という異色の経歴を経て、09年には在英国日本国大使館政務担当公使。国際法局審議官、総合外交政策局審議官（政策企画・国際安全保障担当大使）、日本国際問題研究所所長代行を歴任。その後、17年、国際情報統括官、18年、経済局長、20年、駐オーストラリア日本国特命全権大使に就任。23年12月に退官し、外交評論活動を展開中。

媚中《びちゅう》　その驚愕《きょうがく》の「真実《しんじつ》」

2025年４月29日　初版発行

著　者　門田隆将・山上信吾

発行者　鈴木 隆一

発行所　ワック株式会社
東京都千代田区五番町４-５　五番町コスモビル　〒102-0076
電話　03-5226-7622
http://web-wac.co.jp/

印刷製本　株式会社DNP出版プロダクツ

ISBN978-4-89831-922-2